4차 산업혁명시대,

과학영재
어떻게 육성할 것인가

KAIST 과학영재교육연구원 편

정현철 · 최연구 · 김상균 · 한기순 · 안동근 · 채유정 · 곽영순
류춘렬 · 백민정 · 이성혜 · 이영주 · 류지영 · 조석희 공저

KB014010

학지사

Klaus Schwab이 2016년 다보스 세계경제포럼에서 4차 산업혁명을 주창한 이후로 4차 산업혁명 바람이 전 세계를 휩쓸고 있다. 4차 산업혁명은 인류가 지금까지 경험하지 못했던 엄청난 기술혁신의 발전과 그에 따른 경제, 사회, 문화 전반에 걸쳐 전면적인 변화를 일으킬 것으로 예상된다. 인공지능의 등장, 로봇과 무인 운송수단의 발전, 바이오 기술의 발전 등이 가져올 변화의 모습은 예측하기 어렵다. 이처럼 예측하기 어려운 미래를 대비하기 위한 가장 확실한 전략은 바로 교육을 혁신하는 것이고, 이를 통하여 미래를 이끌어 나갈 인재를 양성하는 것이다. 이미 선진국들은 4차 산업혁명시대를 주도할 미래인재의 양성을 위해 창의성과 융합적 사고에 기반한 문제해결 능력과 과학기술 분야 핵심역량 중심의 교육시스템으로 전환을 추진하고 있다. 우리나라가 전쟁의 폐허 속에서 한강의 기적을 만들고 선진국과 당당히 어깨를 나란히 할 수 있는 것도 인재육성 때문이었던 것처럼, 4차 산업혁명시대를 대비하기 위한 가장 확실한 준비는 우수한 과학기술 인재(과학영재)를 양성하는 것과 이를 위한 교육혁신이다.

우리나라에서 과학영재교육의 역사는 꽤 오래되었다. 1971년 전문적인 과학기술인력 양성을 위한 KAIST의 설립에서부터 시작하여 1983년 과학고의 설립과 1985년 과학기술대학의 설립(이후 KAIST와 통합)을 통해 고등학교와 대학교, 대학원을 연계한 과학기술인력 양성체계가 구축되었다. 이와 같은 연계를 통해 우수한 과학영재들은 대학입시의 부담에서 벗어나 자유롭게 창의적인 탐구를 추구하면서 유능한 과학인재로 성장할 수 있었다. 그러나 이후 과학고의 확대로 말미암아 과학영재들은 대학진학 경쟁에 놓이게 되고, 창의성 교육보다는 입시 위주의 변질된 교육 환경에 처하게 되었다.

1997년, IMF라는 국가적 위기상황을 겪으며 생긴 이공계 기피현상을 타파하기 위해 우수한 과학기술 인재양성의 필요성이 대두되고, 2000년「영재교육 진흥법」이 제정되면서 과학영재교육은 법적 기반을 가지고 본격적으로 추진되었다. 지난 18년간 과학영재교육은 양적으로 많은 성장과 발전이 이루어졌으나 급격한 양적 성장에 따른 질적 저하의 문제, 정부가 바뀌는 시기마다 도입되는 파편적인 정책들의 부조화 문제, 과학영재교육을 바라보는 부정적 인식 등 많은 문제를 양산하였다.

이제, 4차 산업혁명의 시대를 맞이한 지금이 바로 혁신이 필요한 시점이라 할 수 있다. 이에 KAIST 과학영재교육연구원에서는 다양한 분야의 전문가와 과학영재교육 관계자들이 참여한 4회에 걸친 포럼을 통해 국가 과학영재 육성정책을 전반적으로 살펴보고, 향후 향상된 과학영재교육이 이루어질 수 있는 미래전략을 제시하고자 하였다.

1차 포럼은 4차 산업혁명시대와 과학영재 육성이라는 주제로 미래사회의 모습, 인재상 및 과학영재교육 방향에 대해 살펴보았다. 2차 포럼에서는 이와 같은 환경의 변화에 따른 과학영재의 재정의와 교육내용 및 교육방법의 혁신전략을 제시하였다. 3차 포럼에서는 현재 운영되고 있는 과학영재교육 프로그램을 개선하기 위한 구체적인 방안을 제시하였다. 마지막 4차 포럼에서는 국가 과학영재교육 정책의 방향과 이를 둘러싼 지원체계를 혁신하는 방안을 살펴보았다.

그러나 포럼이라는 형식으로 인해 시간과 공간의 제약이 발생하면서, 많은 분들이 포럼에서 논의된 좋은 의견을 공유하지 못해 안타까움을 토로하였다. 이를 위해 4회의 포럼에서 제시되었던 좋은 의견을 정리하고 보충하여 책으로 발간하고자 한다.

KAIST 과학영재교육연구원은 국가가 지정한 과학영재교육 전문연구기관으로서 국가 과학영재 발굴·육성에 무한한 책임의식을 가지고 있다. 이번에 발간하는 이 책을 통해 보다 많은 사람들이 과학영재교육에 대한 이해를 높이고 과학영재교육 정책을 수립하는 데 조금이나마 보탬이 되기를 바란다.

바쁜 가운데서도 포럼에서 발표와 토론을 통해 좋은 의견을 주신 많은 전문가 여러분께 감사드린다. 마지막으로, 과학영재교육의 혁신을 위해 포럼의 필요성을 제안하고 본 책이 나오기까지 물심양면으로 지원해 주신 KAIST 미래전략대학원의 이광형 교수님께 깊은 감사의 말씀을 드린다.

KAIST 과학영재교육연구원장
이창옥

과학영재교육 포럼

주제
1차 포럼 : 4차 산업혁명시대와 과학영재 육성
− 4차 산업혁명시대 전망 (최연구 한국과학창의재단 연구위원)
− 4차 산업혁명시대 인재상 (이상목 충남대 교수)
− 4차 산업혁명시대 과학영재교육의 방향 (이창옥 KAIST 과학영재교육연구원장)
패널 : 김주아 소장 (KEDI 영재교육연구센터)
서혜애 교수 (대학부설 과학영재교육원 협의회장)
성은현 교수 (한국영재교육학회장)
임용우 교장 (과학고 교장단협의회장)
진석언 교수 (건국대 교육학과)
2차 포럼 : 4차 산업혁명시대의 과학영재 교육의 혁신전략
− 과학영재는 누구인가? (채유정 KAIST 과학영재교육연구원 연구교수)
− 과학영재 교육과정은 어떻게 달라져야 하나? (류춘렬 KAIST 과학영재교육연구원 선임연구원)
− 과학영재 교육플랫폼은 어떻게 혁신해야 하는가? (이성혜 KAIST 과학영재교육연구원 연구교수)
패널 : 박미혜 장학관 (대전과학교육연구원)
이봉우 교수 (단국대 과학교육학과)
조용국 장학사 (경상남도 교육청)
한기순 교수 (인천대 교육학과)
3차 포럼 : 4차 산업혁명시대의 과학영재 프로그램 혁신전략
− 초 · 중 단계 과학영재 프로그램 (손정우 경상대학교 물리교육학과 교수)
− 고교 과학영재 프로그램 (이영주 KAIST 과학영재교육연구원 전문선임연구원)
− 소수 과학영재 발굴 · 육성 프로그램 (류지영 KAIST 과학영재교육연구원 연구교수)
패널 : 송영곤 교장 (대전과학고)
이미옥 장학사 (경기도 교육청)
전미란 교수 (공주대)
한대희 교수 (청주교대)
4차 포럼 : 4차 산업혁명시대의 과학영재 발굴 · 육성 전략
− 국가 과학영재 발굴 · 육성 체계 혁신전략 (정현철 KAIST 과학영재교육연구원 부원장)
− 국가 과학영재 발굴 · 육성 지원 실천방안 (최호성 경남대 교육학과 교수)
패널 : 김주아 소장 (KEDI 영재교육연구센터)
박인호 교수 (인천대 물리학과)
이신동 교수 (순천향대 특수교육과)
이정재 박사 (KISTEP 혁신기반센터장)

PART 03
4차 산업혁명시대의 과학영재 육성정책 혁신전략

PART 01

4차
산업혁명시대의
도래

Chapter 1

4차 산업혁명시대의
전망과 미래대응

01

4차 산업혁명시대의 도래

지금 우리는 이른바 4차 산업혁명의 거대한 변화에 직면해 있다. 2017년 초 과학계를 대표하는 기관인 한국과학기술단체총연합(약칭 과총)[1]에서는 과학기술인들을 대상으로 '4차 산업혁명에 대한

---

1) 과총은 '과학기술단체의 육성지원과 과학기술인의 사회적 참여 및 권익 신장, 그리고 국가발전을 위한 과학기술 정책개발'을 목적으로 1966년 9월에 설립된 단체로 우리나라에서 가장 오래된 과학단체다. 우리나라 이학, 공학, 농수산, 보건 등 이공계 전(全)분야에 걸친 학회 및 학술단체, 각종 협회, 정부출연연구기관 등 590개의 과학기술단체를 회원으로 보유하고 있으며 500만 과학기술인을 대표하는 단체다.

인식조사'를 실시한 바 있다. 이 조사결과 응답자 2,350명 가운데 89%가 '현재 4차 산업혁명이 진행되고 있다'고 답변했다. 적어도 과학기술계에서는 절대다수가 4차 산업혁명시대의 도래를 실감하고 있다는 것이다.

⚙️ 4차 산업혁명 담론의 진원지, 다보스포럼

4차 산업혁명(the Fourth Industrial Revolution)이란 말 그대로 네 번째의 산업혁명을 뜻한다. 사실 우리나라에서 4차 산업혁명이란 용어가 사용되기 시작한 것은 2016년부터다. 그 계기는 다보스포럼이다. 스위스의 휴양도시 다보스에서는 매년 초에 세계 경제를 이끄는 리더들이 모여 주요한 이슈를 토론하는 포럼이 열리는데, 이것이 다보스포럼이다. 정식 명칭은 세계경제포럼(World Economic Forum: WEF)이며, 설립자 겸 회장은 Klaus Schwab이다. 다보스포럼의 주제는 현재를 진단하고 미래를 예측하는 데 있어서 매우 중요하며, 이 포럼이 던지는 화두는 세계 각국 정부의 정책에 막대한 영향을 미친다. 2016년 다보스포럼의 주제는 '4차 산업혁명의 이해'였다. 이때부터 세계 각국은 4차 산업혁명을 이야기하면서 대응정책들을 마련하기 시작했다.

4차 산업혁명은 언제부터 시작됐고 어떤 혁명일까. 우리나라에서는 4차 산업혁명이라는 용어를 많이 사용하지만 국외 선진국에서는 다르게 말한다. 가령 미국에서는 디지털 혁신(Digital Transformation)이라는 용어를 많이 쓰고, 독일은 인더스트리 4.0(Industrie 4.0)이라고 말한다. 독일의 인더스트리 4.0은 제조업 강화를 위해 독일이 센서, 로봇, 제조공정, 물류 및 정보통신기술 분야를 중심으로 추진해온 성장전략으로 4차 산업혁명론의 모태가 되었다. 한편 일본에서는 소사이어티 5.0이라는 브랜드를 사용한다. 4차 산업혁명이건, 인더스트리 4.0이건, 디지털 혁신이건 아니면 소사이어티 5.0이건 모두 디지털 기반으로 산업과 사회에서 일어나는 혁명적 변화를 일컫는다.

혁명이라는 단어는 변화나 개혁, 발전 등의 용어와는 질적으로 다르다. 첨단기술 몇 개가 사회를 변화시킨다고 혁명이라고 하지는 않는다. 혁명은 기존의 관습이나 제도, 방식 따위를 깨뜨리고 질적으로 새로운 것이 나타나는 것을 뜻한다. 1~3차 산업혁명으로 농업 중심의 봉건사회는 제조업, 공업 중심의 산업사회로 이행했다. 전문가들은 4차 산업혁명은 기존의 세 차례 산업혁명보다 훨씬 급격하고 광범위한 변화가 될 것이라고 예견하고 있다.

세계경제포럼은 산업혁명의 역사적 변화과정을 정리해 [그림 1-1]에 제시했다. 1차 산업혁명은 1784년에 시작됐다. 증기기관의 발명으로 사람의 노동이 기계로 대체되기 시작한 혁명을 말한다. 2차 산업혁명은 1870년대로 전기 에너지의 상용화로 노동이 분화되고 대량생산이 시작되는 변화를 가리킨다. 3차 산업혁명은 우리가 흔히 정보화혁명이라고 부르는 변화를 말한다. 컴퓨터와 인터넷의 출현으로 전자, IT산업이 발전하고 자동생산이 가능해진 것을 가리킨다. 마지막으로 4차 산업혁명이 시작된 시점은 물음표로 표시되어 있으며, 사이버-물리적 시스템(CPS)을 그 특징으로 제시했다. 사이버-물리적 시스템이란 사이버 세계와 물리적 세계, 즉 온라인과 오프라인이 연결되는 것을 말한다.

혁명	연도	정보
 1	1784	증기, 물, 기계 생산 설비
 2	1870	노동분화, 전기, 대량생산
 3	1969	전자, IT, 자동생산
 4	?	사이버-물리적 시스템

[그림 1-1] 1~4차 산업혁명의 대표적인 특징

다보스포럼은 4차 산업혁명을 주도하는 기술로 인공지능, 메카트로닉스, 사물인터넷(IoT), 3D 프린팅, 나노기술, 바이오기술, 신소재기술, 에너지저장기술, 퀀텀컴퓨팅 등을 지목했다. 또한 그 기반 위에서 펼쳐질 물리 세계, 디지털 세계, 바이오 세계의 융합을 4차 산업혁명의 본질이라고 규정했다(최연구, 2017a).

우리나라에서 4차 산업혁명의 주관부처인 과학기술정보통신부의 유영민 장관은 최근 특별강연에서 "4차 산업혁명 시대는 '스마트 세상'이다. 똑똑해진 인공지능이 자동차·건설·통신·의료 등 모든 분야에 접목해 들어가는 세상"이라고 설명하면서 4차 산업혁명은 인공지능·빅 데이터 등 디지털 기술로 촉발된 초연결 기반의 지능화 혁명이라고 규정하고, 국가시스템·산업·사회·삶의 질 전반에 혁신적 변화를 몰고 올 것이라고 강조했다(연합뉴스, 2017).

02
4차 산업혁명이 가져올 미래 변화

⚙️ 미래예측

미래는 우리 안에서 변화하기 위해 훨씬 전부터 우리 내부에 들어와 있다.

−Rainer Maria Rilke−

미래는 이미 와 있다. 단지 널리 퍼져 있지 않을 뿐이다.

−William Ford Gibson−

현재는 과거에서 나오고, 미래는 현재에서 나온다. 과거, 현재, 미래는 단절 없이 이어지는 흐름이다. 과거를 알면 현재를 가늠할 수 있고, 현재를 알면 어느 정도 미래가 보인다. 과거부터 미래까지의 흐름은 시간적으로는 한 방향으로 흐르지만 일방적인 관계라고 할 수 없다. 현재 상황은 과거 여러 사건이 빚어낸 것이고, 현재 진행되고 있는 일들은 미래를 만들어간다. 미래예측도 이러한 역사적인 인식과 관점을 바탕으로 해야 한다.

미래예측의 전제

미래를 예측할 수 있다면 좋을 것이다. 그런데 미래를 예측해 미래를 준비하는 순간 미래의 모습은 바뀌게 된다. 미래는 정해진 숙명이 아니라 현재 어떤 선택을 하고 어떻게 행동하느냐에 따라 달라질 수 있다. 이것이 미래학 또는 미래예측의 문제의식이고 전제이다. 미래예측은 경마 경주에서 우승마를 맞히는 확률 게임이 아니라 가능한 미래, 바람직한 미래, 대안의 미래, 최악의 미래 등 다양한 가능성을 열어둔 미래 준비로서의 미래예측이 될 때 비로소 의미를 가진다.

미래가 갖고 있는 태생적인 불확실성

Edgar Morin의 말처럼 과거와 현재 사이에는 상호 되먹임 작용이 존재하고, E. H Carr의 말처럼 거기에는 끊임없는 대화가 이루어진다. 과거의 사건이 현재의 시선이라는 프리즘에 부딪혔을 때 굴절을 겪는 것처럼 미래 역시 과거와 현재의 상호작용 속에서 변화한다. 과거의 사회역사적 사실에 대한 해석이 절대적인 객관성을 가질 수 없으며 불확실성이 상존할 수밖에 없듯, 미래예측 또한 이런 불확실성을 전제로 한다. 현재에 대한 해석은 가변적이며, 미래 가능성은 더더욱 가변적이다. 미래예측 전문가들이 보통 최악의 시나리오부터 최선, 차선의 시나리오까지 복수의 가능성을 전제하고 미래예측을 하는 것은 미래가 갖고 있는 태생적인 불확실성 때문이다. 미래예측은 정답 맞히기를 하는 것이 아니라 과거와 현재를 곱씹어 가장 그럴듯한 개연성을 예측하는 것이다.

통찰력이 요구되는 미래예측

미래 전문가들의 예측은 "관찰로써 현상의 변화를 추적하는 '포캐스트(forecast)'라기보다는 통찰로써 본질적 변화를 추적하는 '포사이트(foresight)'에 가깝다." 미래를 표면적 현상만을 좇거나 개인적이고 문화적인 기호(嗜好)로 판단해서는 결코 제대로 된 예측을 할 수 없을 것이다. 따라서 미래예측은 '우리에게 이미 와 있는 미래'를 표피적으로 바라보는 '관찰자의 눈'이 아니라 거대한 흐름을 해석할 수 있는 '통찰의 눈'을 필요로 한다. 미래를 예측하는 방법들은 데이터 수집 능력과 분석 능력, 트렌드 분석과 객관적 예측 방법론 등을 기본으로 하며 과학적인 근거를 갖고 있다는 점에서 점을 보거나 접신을 하거나 그림카드로 운명을 예측하는 식의 미래예측과 구분된다. 미래를 예측하는 일은 사실 간단한 일은 아니다. 그러나 사회의 변화에 관심을 가지고 큰 흐름을 분석해보면 대체적인 방향성과 특징은 예측할 수 있다.

미래예측은 예측에서 끝나는 것이 아니다

미래예측이 예측에서 끝나버리면 우리는 정해진 숙명을 넋 놓고 기다려야 하는 존재가 되어버릴 것이다. 하지만 앞서 이야기한 대로 미래는 정해진 숙명이 아니다. 미래는 현재를 어떻게 살아가느냐에 따라 얼마든지 바뀔 수 있다. Peter Drucker의 말처럼 "미래를 예측하는 가장 좋은 방법은 미래를 창조하는 것"이다. 미래예측이 중요한 이유는 정해진 단수의 미래를 족집게처럼 맞히는 그 자체에 있는 것이 아니라, 가능한 복수의 미래를 파악하여 미래를 준비하게 도와준다는 데 있다. 정답 맞히기로서의 미래예측이 아니라 미래 준비로서의 미래예측이 될 때 미래예측은 비로소 의미를 가진다.

⚙ 4차 산업혁명이 초래할 변화의 특징

아직 정체가 불분명한 4차 산업혁명이 중요한 이유는, 첫째, 1차에서 3차까지의 산업혁명이 그러했듯 4차 산업혁명은 산업사회의 진화방향 자체를 크게 바꿀 거라는 점, 둘째는 4차 산업혁명의 타깃이 인간을 보조하는 데 그치지 않고 인간의 몸과 두뇌를 직접 겨냥하고 있다는 점, 셋째는 그 파급효과가 우리의 상상을 초월할 거라는 점 때문이다.

❶ 직업의 미래

과연 미래에 일자리는 어떻게 바뀔 것인가? 2016년 1월 다보스포럼에서 발표된 보고서 중 가장 관심을 끌었던 것은 「일자리의 미래(The Future of Jobs)」라는 제목의 보고서다. 언론을 통해서도 많이 소개되었는데 그 내용 중에는 "2020년까지 4차 산업혁명으로 약 710만 개의 일자리가 사라지고 새롭게 만들어질 일자리는 200만 개"라는 내용이 나온다. 대량 실업의 위기가 올 수 있음을 경고하고 있다. 사라지는 일자리는 주로 사무직이나 중간관리직종이며 늘어나는 일자리는 컴퓨터, 수학, 건축, 엔지니어링 분야라고 보았다. 기술이 발전하거나 새로운 기술이 나타나면 기존의 일자리들이 사라지고 새로운 일자리가 생겨나는 등 직업세계에 큰 변화가 있기 마련이다. 문제는 어떤 일자리가 얼마만큼 사라지고 어떤 일자리가 새롭게 생겨날지 정확하게 예측할 수 없다는 것이다. 4차 산업혁명이 가속화되면 불확실성은 오히려 커질 수 있다.

2016년 이세돌과 인공지능 알파고의 역사적인 바둑 대국은 사람들에게 큰 충격을 안겨주었다. 적어도 바둑은 체스나 다른 게임보다 경우의 수가 훨씬 많고 통찰력, 직관력이 필요하므로 아무리 뛰어난 학습능력을 가진 인공지능이라고 하더라도 아직은 인간 바둑 고수를 이기지는 못할 것이라는 예측은 맥없이 무너졌다. 이세돌은 3연패 이후 단 한번을 이겼을 뿐이고 결국 최종 전적은 4대 1 완패였다. 이 알파고 쇼크 직후 고용노동부 산하 공공연구기관인 한국고용정보원은 우리나라 주요 직업 400여 개 가운데 인공지능과 로봇기술을 활용한 자동화에 따른 직무대체 확률을 분석해 발표했다(한국고용정보원, 2016). 각 직업에서 정교한 동작이 필요한지, 창의력이 얼마나 필요한지, 사람들을 파악하고 협상·설득하는 일인지, 서비스 지향적인지 등을 주요변수로 삼아 분석했다. 그 결과 자동화대체 확률이 높은 직업, 즉 사라질 위험이 큰 상위 10개 직업은 콘크리트공, 정육원 및 도축원, 제품 조립원, 청원경찰, 조세행정 사무원, 물품이동장비조작원, 경리사무원, 환경미화원 및 재활용품 수거원, 세탁 관련 기계조작원, 택배원 순이었다. 이들 직업은 대부분 단순 반복적이고 정교함이 떨어지는 일이거나 사람과의 소통이 상대적으로 적은 업무들이었다. 반면 자동화 대체 확률이 낮은 직업, 즉 상대적으로 안전한 직업 상위 10개를 보면 화가 및 조각가, 사진작가 및 사진사, 작가 및 관련 전문가, 지휘자, 작곡가 및 연주가, 애니메이터 및 만화가, 무용가 및 안무가, 가수 및 성악가, 메이크업 아티스트 및 분장사, 공예원, 예능강사 순이었다. 이들 직업의 공통점은 문화예술, 예능과 관련되거나 창의성, 감성이 필요한 일들이다.

영국의 공영방송 BBC는 2015년 기계학습과 딥러닝으로 빠르게 발전하고 있는 로봇으로 인해 일자리 대체 가능성이 큰 직업 15개와 그 위험성을 수치화한 연구결과를 보도했다(강정수, 2015). 가장 위험성이 높은 직종은 텔레마케터로 위험성이 99%이며, 2위는 컴퓨터 입력요원으로 위험성이 98.5%이다. 그 다음으로 법률비서(98%), 경리(97.6%), 분류업무(97.6%), 검표원(97.6%), 판매원(97.2%), 회계 관리자(97%), 회계사 또는 금융관리자(97%), 보험사 직원(96.8%), 은행원(96.8%), 기타 금융행정원(96.8%), NGO사무직(96.8%), 지역공무원(96.8%), 도서관 사서보조원(96.7%) 순이다. 이 15개 직종에 종사하는 사람의 숫자는 영국에서만 약 153만 명이다. 4차 산업혁명으로 인한 대량실업의 위험이 직업세계를 강타하고 있는 것이다.

❷ 미래 사회의 변화

인공지능, 로봇공학, 사물 인터넷, 자율주행 차량, 3D 프린팅, 나노 기술, 생명공학, 재료공학, 에너지 저장, 양자컴퓨팅 등의 첨단과학기술이 비약적으로 발전하고 있다. 첨단기술 개발과 새로운 기기의 발명은 단순히 기술적인 변화만을 야기하지는 않는다. 가령 인터넷의 발명, 스마트폰의 발명의 의미는 기술 발전 차원이 아니라 새로운 산업과 일자리를 창출함은 물론이고 사람들의 업무 방식, 커뮤니케이션 방식, 삶의 방식까지 변화시킨다는 것이다. 따라서 미래에는 과학기술에 대한 이해와 소양이 더 중요해질 것이다. 인공지능과 같은 첨단기술이 생활 속 깊숙이 들어온다면 과학은 과학자나 연구자들만의 전문영역에 갇혀 있지 않고 시민의 일상이 된다. 3D 프린터 같은 디지털 공작기기의 보급으로 전문가와 일반인의 경계가 무너지고 소비자와 시민의 참여를 통한 개방형 연구와 혁신도 가능해지기 때문이다. 이처럼 4차 산업혁명은 우리가 살아가는 사회의 모습에도 엄청난 변화를 가져올 것이다. 김영식(2018)은 미래의 변화된 모습을 6가지 메가트랜드로 기술하고 있다. 첫째, 초가속화(Hyper-Speed) 사회가 될 것이다. 즉, 변화의 속도가 상상할 수 없을 정도로 빠르게 진행된다. 지식과 기술의 발전이 산술적이 아닌 기하급수적으로 이루어짐에 따라 더 많은 지식을 습득하려는 노력은 이제 중요한 일이 아니다. 지식을 활용하고 새로운 변화에 대처하는 능력이 무엇보다 중요해진다. 둘째, 초지능화(Hyper-Intelligence) 사회가 될 것이다. 컴퓨터가 인간의 지능을 능가하고 모든 사물이 점점 스마트해진다. Tyler Cowen(2017)은 『4차 산업혁명, 강력한 인간의 시대─누가 기계와의 경쟁에서 살아남을 것인가?』에서 기계지능이 '모든' 사람이 아니라 '어떤'사람을 대체할 것이며, 기계지능이 가져올 혁명에 적응하는 사람은 더 많은 소득을 올릴 것이라고 말한다. 그의 전망에 따르면 기계지능과 결합하여 가치를 높일 수 있는 일을 찾는 것, 그것이 미래를 준비하는 가장 확실한 방법이 될 수 있다고 주장한다. 셋째, 초연결화(Hyper-Connectivity) 사회가 될 것이다. 사물인터넷을 넘어 만물인터넷으로 발전하고, 세상의 모든 것이 연결되면서 소유보다는 공유가 보편화되는 사회로 협업과 집단지성이 강조될 것이다. Klaus Schwab(2016)은 초연결사회가 구축할 높은 상호연결성을 통해 우리는 더욱 긴밀히 협력하고 소통해나가며 시대의 변화를 공유하고 또 같이 만들어가야 한다고 주장한다. 넷째, 초감성화(Hyper-Emotion)이다. 미래는 이성보다는 감성에 호소할 수 있어야 한다. 매력을 통해 상대를 움직이고 동의를 이끌어내는 능력으로, 상대의 마음을 사로잡는 데에는 물리적 힘보다는 보편적 문화나 공감 같은 것이 더 강력하다는 점에 주목하고 있다. 21세기는 꿈과 감성에서 태어난 문화예술이 강조되는 컬처노믹스 시대가 될 것이다. 다섯째, 초융합화(Hyper-Fusion)가 강조되는 사회이다. 한 분야에서 특정 기술만을 특화해 갈고 닦아온 전문성을 가진 장인은 늘 필요하지만 그것만으로는 부족하다. 이제는 전문성을 갖고 있으면서도 변화에 대한 적응력, 창조성, 감수성이 뛰어나고 다양한 경험과 지식을 거친 이른바 '통섭형 인재'가 필요한 것이다. 마지막으로 초고령화(Hyper-Aging) 사회가 될 것이다. 평균수명이 길어지면서 늙지 않고 죽지 않는 신인류의 시대가 온다. 인생 이모작을 넘어 삼모작이 요구되며, 평생학습이 요구되는 시대일 것이다.

이처럼 4차 산업혁명은 미래의 직업, 삶이 이루어지는 사회의 모습에 엄청난 변화를 야기하고, 우리가 원하든 원치 않았든 간에 국가와 기업 그리고 개인의 운명을 뒤흔들어 놓을 것이다. 4차 산업혁명이 초래할 변화와 혁신에 대한 대비 없이 머나먼 미래의 일로 미뤄두는 순간, 우리는 아무런 경보로 없이 닥치게 될 변화의 거대한 쓰나미에 휩쓸리게 될지도 모른다.

03

4차 산업혁명시대, 미래를 어떻게 준비할 것인가

4차 산업혁명이라는 거대한 변화의 파고 앞에서 우리는 어떻게 미래를 준비해야 할까? 2017년 11월 30일 대통령 직속 4차 산업혁명위원회는 관련 부처들이 합동으로 작업하고 위원회의 논의를 거쳐서 상정·의결된 '혁신성장을 위한 사람 중심의 4차 산업혁명 대응계획'을 발표했다(4차 산업혁명위원회 보도자료, 2017). 문재인 정부의 핵심정책과제인 혁신성장을 뒷받침하고 이른바 '사람 중심의 4차 산업혁명'을 추진하기 위한 범정부적인 종합계획이라고 할 수 있다. 그 내용을 살펴보면 4차 산업혁명에 대한 정부 대응의 청사진을 파악할 수 있다. 이 계획은 대통령 직속 4차 산업혁명위원회 이름으로 발표되었지만 계획 수립에 참여한 부처는 과학기술정보통신부(주관부처), 국무조정실, 기획재정부, 행정안전부, 농림축산식품부, 산업통상자원부, 보건복지부, 고용노동부, 교육부, 환경부, 국토교통부, 해양수산부, 중소벤처기업부, 국방부, 공정거래위원회, 금융위원회, 방송통신위원회, 특허청, 경찰청, 소방청, 산림청 등 무려 21개에 이른다.

현재 우리나라는 뉴노멀(New Normal)이라 불리는 저성장의 고착화와 교통, 환경, 안전 이슈 등 사회문제의 심화 등으로 구조적 위기를 맞고 있으며, 따라서 산업화시대의 추격형 성장방식으로는 미래변화에 능동적으로 대처할 수 없다. 이 계획은 산업사회 전반의 지능화 혁신과 생산성 제고를 통한 산업체질 개선, 국민 삶의 질 향상 등을 지향하고 있다. 좀 더 구체적으로 살펴보면, 우선 4차 산업혁명의 잠재력을 조기에 가시화하기 위해 의료, 제조, 이동체, 에너지, 금융물류, 농수산업, 국방, 안전, 환경, 복지, 교통, 시티 등 산업, 사회 전반의 지능화 혁신 프로젝트를 추진하고, 다음은 성장동력 및 기술력을 확보하려는 기술적 측면, 산업 인프라 생태계를 조성하려는 산업적 측면, 그리고 미래사회 변화에 대응한다는 사회적 측면에서의 혁신계획을 제시하고 있다. 특히 비전으로 '모두가 참여하고 모두가 누리는 사람 중심의 4차 산업혁명 구현'을 내세우며 4차 산업혁명이 단순히 기술, 산업측면만이 아님을 강조하고 있다.

우리나라는 ICT 강국이라 ICT 기술이 기반이 되는 4차 산업혁명에서 결코 불리하지 않다. 그런데도 4차 산업혁명에 대한 준비 정도에서 한국이 미흡하다는 지적이 끊임없이 제기되고 있다. 스위스 UBS은행이 발표한 보고서를 보면 4차 산업혁명에 대한 준비 수준에서 한국은 세계 25위에 불과하다. 스위스가 1위, 미국은 4위, 일본은 12위로 우리를 훨씬 앞서고 있으며, 한국은 1인당 국민소득이 우리 절반에도 못 미치는 말레이시아보다 낮은 것으로 조사됐다(디지털 타임즈, 2016). 독일, 미국, 일본 등 4차 산업혁명 선도국들은 빠르게 질주하고 있다. 그들에게 뒤처지지 않으려면 그들보다 두 배는 기민하게 움직여야 할 것이다.

사람 중심의 4차 산업혁명 구현

문재인 대통령은 2017년 7월 과총 주최로 열린 대한민국과학기술연차대회 기념식에서 영상메시지를 통해 4차 산업혁명시대의 핵심가치는 사람임을 강조했다. 이미 대통령후보 시절 4월 21일 과학의 날 메시지에서도 "우리가 노력하지 않아도 4차 산업혁명시대는 올 것입니다. 우리가 노력하지 않는다면 '사람'이 빠진 4차 산업혁명시대를 맞을 것입니다."라며 사람 중심을 일관되게 강조했다. 4차 산업혁명을 주도하는 최첨단 기술은 아마 인공지능일 것이다. 알파고 쇼크에서 인공지능의 가공할 위력을 목도했던지라 미래에는 '인공지능 기계 vs 인간'의 대립구도를 우려하는 사람들이 적지 않다. 하지만 과거, 현재에도 그랬고 미래에도 사람이 빠진 역사, 사람이 빠진 산업혁명이라면 아무 의미가 없다. 미래를 준비하는 전략의 가장 기본적인 철학이 '사람 중심'이 돼야 하는 이유다.

4차 산업혁명이나 과학기술 혁신에서 사람 중심이라는 것은 도대체 어떤 의미일까. 첫째는 변화를 기술 중심이 아니라 사람 중심으로 봐야 한다는 것이다. '중요한 것은 기술 자체가 아니라 기술이 사회와 문화, 인간을 어떻게 변화시키는가'이기 때문이다. 둘째는 4차 산업혁명의 기술발전을 효율성뿐만 아니라 효과성 관점에서 따져봐야 한다는 것이다. 효율성은 투입대비 산출 정도를 말하고 효과성은 목표달성 정도를 말한다. 4차 산업혁명의 목표는 미래 먹거리와 일자리 창출, 국가경쟁력 강화를 넘어 사회문제 해결 및 국민의 삶의 질과 행복의 증진에 두어야 한다는 것이다. 셋째, 과학기술 혁신과 발전은 사람에 대한 투자를 통해 이루어야 하며, 따라서 4차 산업혁명을 이끌어갈 창의융합인재 양성에 역점을 두어야 한다(최연구b, 2017). 첨단기술개발은 결국 사람이 하는 것이며, 인재 없이는 과학기술 혁신이든 4차 산업혁명이든 그 어떤 것도 이룰 수 없다.

Klaus Schwab은 4차 산업혁명시대에서 필요한 네 가지 능력을 '상황 맥락 지능(정신)' '정서 지능(마음)' '영감 지능(영혼)' '신체 지능(몸)'이라고 제시하는데, 이것은 '인간'의 본질적인 특성에 바탕을 둔 것이다. 4차 산업혁명은 비록 '예측 불가능한 미래'라 하더라도 결국 '사람'을 지원해야 한다. 이것은 선택 가능한 가치가 아니기 때문이다. 인류의 기술과 역량은 언제나 인간을 위한 핵심적인 성공 요인으로 작동되어야만 한다. 그렇게 되어야 미래사회에서 인간은 4차 산업혁명이 가져올 놀라운 변화와 혜택 속에서 인체공학적 측면을 향상시키고, 프로세스를 강화하며, 빅데이터 활용을 통하여 유용한 정보를 제대로 활용할 수 있게 될 것이다.

　4차 산업혁명은 누구도 가보지 않은 길이다. 어느 나라든지 4차 산업혁명은 처음이다. 혁명적 변화의 시기에는 미래예측과 준비가 성패의 관건이 된다. 앞선 세 차례의 산업혁명 역사를 살펴보더라도 패러다임 변화에 잘 대응한 국가는 선진국으로 부상했고 그렇지 못한 국가는 경쟁에서 뒤처졌다. 미국이라는 한 나라 내에서도 정보화 패러다임 변화를 선도했던 실리콘밸리는 유례없는 성장을 이룬 반면, 이전까지 산업화의 중심이자 상징도시였던 디트로이트는 변화를 따라잡지 못해 낙후되고 말았다(유영민, 2017). 4차 산업혁명이 가져올 미래는 지금 우리가 어떻게 준비하고 대응하느냐에 따라 달라진다. 지금 이 순간 4차 산업혁명의 미래가 만들어지고 있다.

Chapter 2

4차 산업혁명시대
과학영재교육의 인재상 및 방향*

세상은 급속도로 변화하고 있고 그 변화의 속도는 점점 빨라지고 있다. 이제는 4차 산업혁명이다. 우리는 그 서막으로 이세돌과 알파고의 대결을 지켜봤다. 2016년 3월 9일에 있었던 알파고와 이세돌의 격돌은 기계와 인간의 대결, 인간의 정체성, 일자리 지형의 변화 등에 대한 우려가 이제는 현실이 되었음을 시사하는 계기가 되었다. 알파고 쇼크 이후 먼 미래의 일로만 여겼던 '인간을 넘어선 인공지능'이 현실화되고 있다. 실제로 최근에 기사화된 구글 딥마인드의 '알파고 제로'는 '더 놀랍고 더 무서운 알파고의 등장'으로

*이 장은 한기순, 안동근(2018). 제4차 산업혁명시대 과학영재교육의 인재상 및 방향성 탐색, 영재와 영재교육, 16(4), pp. 5-27의 내용을 수정·보완한 것임을 밝힘.

인간의 지식에 속박되지 않고 스스로 독학이 가능한 인공지능이 실현가능함을 보여주었다(전자신문, 2017). 이렇듯, 불과 1년 사이에 인공지능은 무서운 속도로 직업의 지형도를 변화시키고 사회·교육·산업·금융 등 모든 분야의 판도를 바꾸고 있다. 실제로 미국, 중국, 일본, 독일 등 15개국의 370여 개 기업 인사담당 인원을 대상으로 조사한 세계경제포럼의 「일자리의 미래」 보고서에 따르면, 2020년까지 총 710만 개의 일자리가 사라지고 200만 개의 일자리가 창출될 전망이다. 앞으로 3년 내 510만여 개의 일자리가 감소한다는 얘기인데, 바꿔 말하면 510만여 개의 일자리를 AI·로봇이 차지하는 셈이다.

따라서 4차 산업혁명은 기존의 교육에 대한 개념자체의 일대 혁신을 요구하고 있다. 한 예로 미래학자 Buckminster Fuller는 '지식 두 배 증가 곡선'으로 인류의 지식 총량이 늘어나는 속도를 설명한 바 있다. 그에 따르면 인류의 지식 총량은 100년마다 두 배씩 증가해왔다. 그러던 것이 1990년대부터는 25년으로, 현재는 13개월로 그 주기가 단축됐다. 2030년이 되면 지식 총량이 3일에 두 배씩 증가한다고 주장하면서 사회전반에 걸쳐 이러한 변화에 대비할 수 있는 대대적인 혁신을 요구하고 있다. 관련하여 2016년 1월 다보스포럼에서 Klaus Schwab은 "변화를 받아들이는 사람"과 "변화에 저항하는 사람" 사이에 양극화가 점차 극심해질 것이라고 지적한 바 있다.

이처럼 인공지능, 빅데이터, 사물인터넷과 같은 첨단기술로 대표되는 4차 산업혁명시대가 도래하면서 새로운 시대변화에 적응하기 위한 다양한 논의가 활발히 이루어지고 있다. 먼저, 실제적 측면에서 미래학자들은 일상에서의 변화를 기술하고 그에 대한 대비책을 대중서를 통해 제안하고 있으며(Dunlop, 2016; Susskind & Susskind, 2015), 학술적 측면에서도 각 분야 전문가들이 영역특수적 관점에서 이에 대한 논의를 이어가고 있다. 특별히 교육 분야에서도 '4차 산업혁명시대'를 주제로 다양한 학술대회가 열리기 시작하면서 새로운 교육혁명을 위한 담론이 활발히 이루어지고 있다. 그 결과 교육학자들의 가정적 기술(speculative description)로 이루어진 다양한 자료는 생성되었으나, 이러한 학술적 논의에 대한 짧은 역사로 인해 심도 있는 이론적 고찰과 실증적 증거로 이루어진 경험적(empirical) 연구결과는 아직 부족한 편이다. 소수에 불과하지만 4차 산업혁명과 교육을 주제로 학술지에 게재된 논문을 분석해보면 크게 교육일반적 측면과 영역특수적 측면으로 나누어질 수 있다. 이선영(2017)과 신현석과 정용주(2017)는 교육 분야 전반에 적용 가능한 변화에 대하여 교육심리학과 교육행정학의 관점에서 각각 논의하였고, 조상식(2016)은 교육철학적 관점에서 미래교육의 방향성을 조망하였다. 세부영역 특수적 관점에서는 교육대상의 특수성과 교육내용의 특수성이 고려되었는데, 교육대상에 따라서는 특수교육(한경근, 2017), 유아교육(이경민, 2017; 이경민, 윤혜영, 2017), 대학교육(한동숭, 2016), 소비자교육(정주원, 2017)에서의 변화가 고찰되었고, 교육내용에 대하여는 물류교육(강영문, 2017), 인문교양교육(김현정, 2017), 의사소통교육(신희선, 윤희정, 2017; 황영미, 이재현, 2017), 종교교육(염승준, 김영전, 2017)적 측면에서 미래교육에 대한 논의가 구체적으로 이루어졌다.

이와 같이 영역특수적 관점의 논의가 시작되었음에도 불구하고, 과학영역 영재들을 위한 심도 있는 이론적 고찰은 찾아보기 어렵다. 먼저, 교육내용에 있어서 '과학' 영역의 특수적 접근이 중요한 이유는 미래사회에서 강조되고 있는 창의성(Dunlop, 2016; Susskind & Susskind, 2015)이 내용영역 특수적 특성을 지니기 때문이다. 많은 연구에서 영역별 창의성의 특성에 차이가 있음을 나타내었는데(Hughes, Furnham, & Batey, 2013; Kaufman & Baer, 2005; Kaufman, Quilty, Grazioplene, Hirsh, Gray, Peterson, & DeYoung, 2016; Simonton, 2009), 특별히 과학영역의 경우 예술영역뿐 아니라 사회학이나 인문학을 포함한 다양한 영역과 차이점이 있었다. 예를 들어, 과학 창의성에는 문제해결이나 지능과 같이 인지적 측면이 중요한 반면, 예술 창의성에는 경험에 대한 개방성과 같은 정의적 측면이 더 강조되었다(Hughes et al., 2013). 같은 개방성이라도 측면(aspect)에 따라 설명하는 영역에 차이가 있었는데, 과학 창의성은 사고(ideas)와 관련된 지적개방성이 중요한 반면, 예술 창의성은 상상, 감수성, 심미성 등과 관련 있는 미·정서에 대한 개방성이 더 중요했다(윤초희, 유영희, 2015; Kaufman et al., 2016). 또한, 과학에서의 창조적 활동은 사회학이나 인문학에 비해 보다 물리적 실재(reality)를 다루는 작업이기에 좀 더 확실한 상황 속에서 의사결정을 할 수 있으며, 이로 인해 창의적 산물에 대한 동료평가의 일치도가 다른 분야보다 높을 수 있음이 언급되기도 하였다(Festinger, 1954; Simonton, 2009에서 재인용). 이와 같은 창의성의 영역특수적 특성을 고려해볼 때, '과학' 영역만의 특성을 반영하여 4차 산업혁명시대 과학교육의 방향성을 차별화된 관점으로 고찰해보는 것은 매우 중요할 것이다.

또한, 교육대상에 있어서도 '영재'를 위한 특별한 논의가 필요한데, 영재들은 일반학생들과 차별화된 다측면적(multidimensional) 특성을 지니고 있기 때문이다. 영재들은 일반학생들에 비해 우수한 인지적 능력을 지니고, 높은 과제 집착력을 보일 뿐 아니라 창의성, 호기심, 자기주도성, 독립심이 높다(Colangelo & Davis, 2003). 영재와 비영재의 성격유형을 살펴본 연구들에 따르면, 영재학생들은 상상하는 것과 내재된 의미 간의 관계파악을 선호하는 직관적(intuitive) 유형이 우세한 반면, 일반학생들은 정해진 규칙을 따르고 구체적이고 사실적인 것에 집중하는 감각적(sensing) 유형에 대한 선호가 더 높았다(Clark, 2000; Mills, 1993; Sak, 2004). 또한, 영재들은 논리적이고 객관적인 근거를 바탕으로 의사를 결정하는 것을 선호하는 반면, 일반학생들은 개인적인 감정이나 가치를 기반으로 결정하는 경향성이 높았다(Clark, 2000; Mills, 1993; Sak, 2004). 특별히 과학영재들은 비영재들에 비해 높은 수준의 과학지식을 가지고 있으며, 탐구과정에서 모호성에 대한 내성이 강하고, 문제해결 과정에서 정밀성과 정확성에 큰 흥미를 보이는 특징이 있다(강성주, 김은혜, 윤지현, 2012). 창의적 수행과정에서도 뛰어난 역량을 발휘하는데, 구체적으로 유창·융통·독창성을 강조하는 발산적 사고(divergent thinking), 정합·통합·논리성에 초점을 두는 수렴적 사고(convergent thinking), 결합·조합·연결이 중요한 연관적 사고(associative thinking)와 같은 창의적 사고뿐 아니라 관찰, 가설의 제안, 가설의 검증, 과학적 설명과 같은 과학탐구기능도 우수하다(박종원, 2004; 박종원, 지경준, 2010). 따라서 미래사회 교육혁신을 위한 새로운 방향성이 제시되는 데 있어서 과학영재와 같은 '대상 특수적인' 접근도 간과되어서는 안 될 것이다.

　4차 산업혁명을 기점으로 지식기반사회가 인공지능사회로 전환되고 있다고 언급될 만큼, 인공지능은 미래사회를 예측하고 설명하는 데 가장 핵심적인 요소라고 해도 과언이 아닐 것이다. 그렇다면 이러한 인공지능의 명확한 개념은 무엇이며, 인공지능은 인간의 지능과는 어떤 차이점이 있는 것일까? 과연 인공지능은 인간의 지능을 능가하여 인간보다 더 창의적이고 탁월한 사고를 할 수 있는 것일까? 지능(intelligence)은 명확하게 한마디로 정의하기 어렵지만, 교육심리학에서는 새로운 문제에 대하여 추상적으로 사고하고 추론할 수 있는 능력으로 개념화하고 있다(Eggen & Kauchak, 2007). 인공지능은 기존 정보기술과 다르게 빅데이터를 기반으로 스스로 학습하고 추론하여 새로운 해결책을 제시할 수 있다는 사실(미래창조과학부, KISTEP, KAIST, 2017)을 고려해 볼 때, 교육심리학에서 정의하는 지능의 개념과 어느 정도 일맥상통함을 알 수 있다. 그런데 최무영(2016)은 이러한 인공지능이 스스로 학습하고 추론할 수 있는 것은 인간이 일일이 정해놓은 인공신경그물얼개(artificial neural network)에 의해 가능한 것이며, 결국에는 반복적 훈련을 통해 사람이 시키는 기능을 수행하면서 마치 지능이 있는 것처럼 보이는 것에 불과한 것이라고 지적한다. 반면, 인간의 두뇌가 가진 자연신경그물얼개(natural neural network)는 인위적으로 의도를 가지고 설계된 것이 아닌, 신경세포들이 스스로 변하면서 복잡성(complexity)을 이루는데, 이러한 복잡성은 인간 두뇌의 기능을 흉내 낸 인공지능의 번잡성(complicated)과 차이가 있다(최무영, 2016). 그에 따르면 번잡성은 한 부분이 손상되면 전체의 기능이 제역할을 못하게 되는 성질을 지니지만, 복잡성은 하나의 신경세포에 문제가 생기더라도 전체 기능에는 거의 문제가 없는 특성을 지닌다고 한다. 따라서 번잡한 인공지능은 단순연산에는 뛰어나지만, 창의성·유연성과 같은 고차원적인 기능에 있어서는 복잡한 인간 두뇌의 자연지능을 능가할 수 없다는 것이다. 하지만 이러한 주장도 서두에 언급된 '알파고 제로'의 등장과 함께 이제는 제고가 필요한 상황이며, 인공지능의 가히 상상을 초월하는 발전의 속도에 기존 교육시스템에 대한 혁명적 재점검은 선택이 아닌 생존 그 자체가 되었으며 영재교육도 예외가 아니다.

이에 본 연구에서는 4차 산업혁명시대 변화에 따라 요구되는 과학영재교육의 인재상과 핵심역량을 구체적으로 논의하고 이를 통해 향후 과학영재교육의 방향성을 탐색해 보고자 한다. 이를 위해 본 연구는 특히 인공지능과 차별화될 수 있는 인간고유의 역량을 논의의 중심에 두고자 한다. 이를 통해 과학영역이라는 교육내용의 특수성과 영재라는 교육대상의 특수성이 반영된 새로운 영역특수적 측면의 방향성을 제시하고, 과학영재들이 인공지능에 침범당하지 않고 오히려 인공지능이 가진 한계점을 극복해가며 미래사회를 주도할 수 있도록 지속가능한 교육시스템을 구축하는 데 유용한 기초자료를 제공할 수 있을 것으로 기대한다.

4차 산업혁명시대 과학영재교육의 인재상

⚙ 빅데이터 시대의 감성적 가치 판단가

> 최고의 시절이었고 또한 최악의 시절이었다. 지혜의 시기였고, 또한 어리석음의 시기였다.
>
> 믿음의 시대였고 또한 불신의 시대였다. 빛의 계절이었고 또한 어둠의 계절이기도 했다.
>
> 희망의 봄이었고 또한 절망의 겨울이기도 했다.
>
> 우리는 모든 것을 가지고 있었지만 또한 아무것도 갖고 있지 않았다.
>
> 우리 모두는 천국을 향해 가고 있었지만 또한 그 반대쪽으로 가고 있기도 했다.
>
> —Charles Dickens의 『두 도시 이야기』 첫머리—

4차 산업혁명시대에는 데이터의 무한 증가로 인해 인공지능이 스스로 데이터를 분석하고 생성할 뿐 아니라 스스로 판단하고 학습하게 되면서 인간 고유의 판단기능이 기계의 역할로 대체되는 현상이 나타날 것이다(미래창조과학부 외, 2017). 이러한 시대에 과학영재들은 인공지능이 대체 불가한 감성적 가치 판단가가 되어야 한다. 감성적 가치 판단가는 과학적 이슈에 대하여 인간 고유의 가치 판단력을 가진 사람으로서 유연하고 비판적으로 상황을 인지할 수 있으며, 인간만이 가진 고유한 감성으로 가치를 발견하고, 발견된 가치를 기반으로 새로운 과학문제를 인식할 수 있는 역량을 지닌다.

인공지능은 빅데이터를 기반으로 스스로 학습하고 효율적인 방법으로 해결책을 제시할 수 있지만, 사회적 책임이나 인문학적 기준을 반영하고 과학적 가치를 판단하여 새로운 문제를 인식하는 것은 불가능하다. 예를 들어, 인간의 경우 무인자동차가 인간을 다치게 하는 사고를 낼 경우를 대비해 이를 예방할 수 있는 프로그래밍을 설계해야 한다는 문제를 인식할 수 있지만 인공지능은 이러한 인식이 불가능하다. 이와 같은 새로운 문제발견은 인간생명존중에 대한 가치판단을 통해 가능한데, 인공지능은 이러한 가치판단이 어렵기 때문이다. 따라서 과학영재들은 무인자동차를 설계할 수 있는 기술을 습득할 뿐 아니라, 이러한 기술로 인해 야기될 수 있는 과학적 문제를 감성적 가치 판단을 통해 인식하고 발견할 수 있어야 한다.

인공지능이 대체 불가한 감성적 가치 판단가가 되기 위해서는 구체적으로 유연하고 비판적인 상황인지역량과 인문학적 소양을 기반한 문제인식역량이 필요하다. 첫째, 유연하고 비판적인 상황인지역량은 끊임없이 변화하는 물리적, 심리적, 환경적 상황을 남들과 다른 관점으로 인식하고 그 안에서 자신만의 과학적 가치를 발견하는 역량을 의미한다. 상황은 학습자에게 노출된 현실적 영역으로서(Freudenthal, 1991), 과학교육 연구자들은 학습자의 삶 속에서 핵심적인 역할을 하는 상황중심으로 과학을 학습해야 함을 강조하고 있다(박현주 외, 2012).

이러한 상황인지역량의 중요성은 과학 분야에서 새로운 문제인식을 위해 특별히 중시되어 왔다. 예를 들어, 박종원(2009)에서는 과학영재들의 탐구주제 발견을 위한 다섯 가지의 사고전략을 제안하였는데, 모두 상황과 연계된 방법이었다. 구체적으로, 1) 주어진 상황을 탐색하기, 2) 주어진 상황을 변화시켜보기, 3) 주어진 상황을 배경지식과 연결시켜보기, 4) 주어진 상황에 영향을 줄 수 있는 가능한 숨겨진 변인을 찾아보기, 5) 주어진 상황을 탐색하는 목적을 반추해보기를 제안하였다.

특별히 실험실 내에서의 상황을 넘어서 일상생활에서의 상황을 인식하여 과학문제를 탐구하고 발견하는 것이 중요한데, 이는 과학이 우리의 생활과 유리되지 않기 때문이다. 일상생활에서의 상황은 학습자에게 그 문제에 대한 주인의식(ownership)을 갖게 해주고 흥미와 동기를 높여줄 수 있으며(박현주 외, 2012), 추상적인 과학적 개념이 일상의 구체적 상황과 연계되어 보다 실제적인 지식으로 인지할 수 있도록 해준다. 특별히, 박현주 외(2012)에서는 과학교육 내용표준개발 연구에서 상황을 "일상생활 주변 속의 현상에만 한정되는 것이 아니라, 학생들의 성장과정을 포함하는 시간적 의미는 물론 물리적, 정서적, 인지적인 면을 모두 포함하며, 과거에서 현재, 그리고 미래에 대한 상상의 세계까지도 포괄하는 광범위한 개념(p. 734)"으로 정의하였는데, 이와 같이 과학영재들은 확장된 개념의 상황 속에서 시공간을 초월하여 다차원적 측면으로 새로운 가치를 발견할 수 있어야 한다.

그런데 인공지능은 이러한 상황인지능력이 부족하여 예상치 못한 부분에서 오류를 나타내기도 한다. 구글의 사진응용 포토 앱(app)이 사람을 고릴라로 잘못 인지한 경우나, 무인자동차가 파란색 바탕에 구름이 그려진 트럭을 하늘로 착각하여 사고를 낸 경우가 대표적인 예이다. 최무영(2016)은 이러한 현상을 과적응(overfitting)으로 설명하였는데, 이는 학습을 너무 과하게 했을 때 나타날 수 있는 현상으로, 정해져 있는 틀에만 익숙하여 약간이라도 새로운 상황을 직면하게 되면 유연하게 사고할 수 없는 경우를 뜻한다. 인간은 새로운 상황이 제시되었을 때 여러 직·간접적 경험들과 상상력을 융합하여 그 상황을 유연하고 비판적으로 판단할 수 있는 반면, 인공지능은 훈련한 틀 안에서만 해석할 수밖에 없기에 상황인지능력에서 오류가 나타날 수 있다. 따라서 과학영재들은 인공지능보다 우세한 상황인지능력을 잘 계발시켜 인간고유의 역량으로 발전시킬 필요가 있다. 특별히 최선영과 강호감(2006)에서는 과학영재들이 비영재들에 비해서 동일하게 제시된 과학문제 상황을 보다 다양한 측면과 깊이 있는 통찰로 인지함을 보여주었는데, 이는 과학영재들이 더 많은 개념지식과 전문성을 가지고 있을 뿐 아니라 창의적 사고와 탐구기능이 우수하기 때문이다(강성주 외, 2012; 박종원, 2004; 박종원, 지경준, 2010). 이와 같이 과학영재들은 인공지능과 구별된 인간고유의 역량뿐 아니라 일반학생과 구별된 영재로서의 특수성을 잘 활용하여 유연하고 비판적인 상황인지 역량을 계발시켜야 할 것이다.

둘째, 인문학적 소양은 인간중심적인 성찰과 감성적 공감으로 새로운 과학적 가치를 발견할 수 있는 역량을 의미한다. 이는 논리적, 객관적, 분석적 사고가 우세한 인공지능과 차별화된 역량으로 과학문제 인식과정에서 인간적 가치를 유지할 수 있도록 해준다. 지능정보사회에서는 인공지능기술뿐 아니라, 인간－컴퓨터 상호작용(HCI), 인간－로봇 상호작용(HRI) 기술의 발달로 인간과 기계와의 인터랙션(interaction)이 증가하면서 인간과 기계 사이의 상충

된 기준으로 예측 불가한 다양한 문제들이 발생할 수 있다. 구체적으로, 개인정보 데이터가 일상에서 쉽게 수집되면서 사생활 침해가 일어나고, 사물인터넷 기기를 통한 사이버 공격이 증가할 수 있다. 2016년 10월 발생한 미라이 보넷 공격은 디폴트 암호로 된 사물인터넷 기기의 약점을 이용하여 DDoS 공격이 일어난 경우인데, 그 결과 미국 동부 지역의 인터넷 연결이 중단되는 사건이 발생했다. 또한, 데이터 지뢰를 만들어 판단과정에 치명적인 영향을 미치고 사업자들에게 경제적 손해를 끼치는 사건이 일어나기도 하였다(한국정보화진흥원, 2017).

또한, 인공지능 기반 신규 서비스가 활성화되면서 기존 관련 산업영역과의 마찰이 불가피하게 되었다. 예를 들어, 카카오 택시, 우버, 콜버스와 같은 새로운 서비스와 기존의 택시, 버스 업계 종사 간의 영역 갈등이 생기고 있는데(한국정보화진흥원, 2017), 이러한 갈등과 마찰 속에서 다양한 윤리문제가 발생하고 이를 위한 해결책을 모색하는 것이 시급해지고 있다. 자의식이 부족한 인공지능은 이러한 윤리문제를 인문학적 소양을 바탕으로 인식할 수 없다. 따라서 과학영재들은 인공지능, 인간–컴퓨터 상호작용, 인간–로봇 상호작용과 같은 기술습득에만 집중할 것이 아닌, 이러한 첨단 기술로 인해 야기될 인간, 사회문제를 인문학적 관점에서 조명할 수 있어야 한다.

인간다움의 가치를 중시하는 인문학적 소양이 우리나라에서는 과학적 소양과 별개의 것처럼 구분되어 교육되어 온 것이 사실이다. 고등학교 때 문·이과로 나누어진 이후 과학적 소양을 쌓기에 급급했던 과학영재들은 인문학적 소양을 기를 수 있는 기회와 여건이 부족했기 때문이다. 학술적인 접근에서도, 인문적 소양과 과학적 소양의 차별화된 측면이 강조되어 왔는데, 인문적 소양은 존재와 현상을 해석하여 가치를 부여함으로써 자아를 성찰하는 것에 중점을 두는 반면, 과학적 소양은 자연현상에 대한 새로운 법칙을 발견하여 일반화하는 것에 초점을 둔다. 인문적 소양의 결과는 새로운 자세, 생활양식의 변화, 태도나 행위의 변화와 같은 무형의 형태로 나타날 수 있는 반면, 과학적 소양은 인문학적 소양보다는 유형의 결과물을 기대하는 경우가 많다(이경숙, 2009).

이와 같이 서로 다른 두 측면의 소양을 과학영재들이 융합적 관점에서 모두 기르기는 쉽지 않을 것이다. 이와 비슷한 논의가 창의성의 영역특수성 연구에서도 지속되었는데, Sternberg, Grigorenko와 Singer(2004)는 큰 창의성(Bg-C)과 작은 창의성(little-c)이 서로 상보적 관계를 맺어 가도록 하여 다양한 영역에 대한 박식한 재능을 개발시켜야 함을 강조하였다. 예를 들어, 과학자는 큰 창의성인 과학적 창의성을 계발하면서 일상에서 작은 창의성인 인문적 창의성도 발전시켜 과학적 창의성과 상보적 관계를 이루도록 하는 것이다. 이와 같이 과학영재들은 과학적 소양으로 과학적 전문성과 창의성을 키울 뿐 아니라 융합적 관점에서 인문학적 소양도 계발시켜 과학적 윤리문제를 가치 중심적으로 인식할 수 있어야 한다.

⚙ 창조서비스 시대의 과학·공학적 생산자

2015년 세계 4대 모터쇼 중 하나인 북미국제오토쇼 현장에서 로컬모터스란

회사는 세계 최초로 3D 프린팅으로 만든 전기차 '스트라티'의 제작과정을 공개하고 시범운행까지 성공적으로 마쳤다. 44시간 만에 3D 프린트로 실제 주행이 가능한 전기차의 차체가 완성되었다.

-KBS 명견만리 제작팀, 2016-

4차 산업혁명시대에는 3D 프린팅과 같은 생산·제조기술이 발전하면서 창조 서비스 산업이 활성화될 것이다. 스스로 제품을 제작하여 판매하는 창조자들이 늘어나면서 과학영재들에게도 과학적 지식을 응용하여 실제적 제품을 생산할 수 있는 창조역량이 요구되고 있다. 즉, 실생활에 유용한 실재적인(authentic) 과학·공학적 산물을 혁신적으로 생산할 수 있는 역량이 필요한 것이다. 이와 같이 스스로 제품을 디자인하고 제작·생산하는 사람이나 단체를 메이커(maker)라고 부르며, 최근 일상에서 이러한 창조적 활동을 장려하는 메이커 운동(maker movement)이 전 세계적으로 확산되고 있다(미래창조과학부 외, 2017).

그런데 이러한 메이커 운동을 주도할 창의적 산출역량은 정답 있는 문제해결에 능한 학업성취 역량과 구분될 수 있다. 많은 연구자들이 학업영재와 창의영재의 특성이 구분될 수 있는 이론적, 경험적 근거를 제시했다(Milgram, 1989; Sriraman, 2005; Sternberg, 2000). 예를 들어, Renzulli(2005)는 학교 친화적 영재(schoolhouse gifted)와 창의 산출형 영재(creative-productive gifted)를 구분하였고, Sternberg(2000)는 분석가(analyst)와 창조가(creator)로 분류하여 영재성을 설명하였다. Zenasni와 그의 동료들(2016)은 창의영재와 학업영재의 인지적 특성을 구체적으로 제시했는데, 창의영재는 발산적이고 연합적인 사고에 능하고 빠르고 독창적으로 해결책을 생성하는 반면, 학업영재는 논리적, 연역적 사고에 능하고 빠르게 해결책을 생성하는 경향이 있다. Holland(1961)와 Holland와 Richards(1965)의 연구에서는 이에 대한 경험적 근거를 보여주었는데, 학업적 성취와 실세계의 창의적 산출역량 사이에는 유의미한 상관이 없거나 심지어 부정적인 상관이 나타나기도 하였다.

특별히, 박종원(2009)은 과학 분야에서 창의적 산출역량이 학업성취 역량보다 중요한 이유를 과학의 본성탐구를 통해 제시하였다. 그에 따르면, 과학적 사고의 본성 자체가 창의적 지식 창출과 밀접한 관련이 있는데, 과학적 사고는 크게 1) 귀납적 사고 2) 연역적 사고 3) 귀추적(abductive) 사고로 구분할 수 있다. 첫째, 귀납적 사고는 한정된 관찰 결과에서 일반적 법칙을 이끌어 내는 사고로서 귀납적 결론은 참임을 보장받기 어렵다(Chalmers, 1986). 따라서 과학자들은 귀납적 결론을 진리라고 생각하기보다 끊임없이 새로운 결론을 이끌어내기 위해 노력한다. 둘째, 연역적 사고는 과학적 지식을 지지하기 위해 가설을 세우고 이를 검증하는 과정에서 요구되는 사고이다(Park, Kim, Kim, Lee, 2001). 그런데 실험을 통해 특정 과학지식에 대한 가설을 검증했다고 하더라도, 이 과학지식이 참임을 보장받기 어렵다. 이는 다른 과학지식에 대한 가설로 동일한 실험결과가 나타날 수 있기 때문인데(박종원, 2009), 이로 인해 과학자들은 항상 새로운 가설을 생성할 수 있어야 한다. 마지막으로, 귀추적 사고는 새로운 현상을 이미 알려진 현상에 대한 설명을 통해 이해하는 사고를 의미한다(Hanson, 1961). 이 과정에서 어떤 현상에 대한 설명을 빌려와서 적용할지에 대한 창의적 사고로 새로운 가설을 제안할 수 있어야 하기에 과학자들은 귀추적 사고 과정을 통해 보다 창의적인 과학 이론을 만들어 낼 수 있다. 따라서 정해진 논리와 규칙을 따라 해결책을 정확하게 내는 데에만 능한 성적-성취 위주의 과학영재는 과학의 본성을 제대로 이해하고 새로운 지식을 창출하는 데 어려움을 겪을 것이다.

과학영재들에게 필요한 창의적 산출 역량은 크게 과학적 측면과 공학적 측면으로 나누어 살펴볼 수 있다. 이러한 창의역량은 실제적인 지식이나 결과물을 창출한다는 측면에서 창의성과 밀접하게 관련이 있다. 그런데 창의성의 영역특수성을 주장하는 연구자들은 (자연)과학적 창의성과 (기술)공학적 창의성은 목적, 창조과정, 결과물의 형태가 다르다고 여기는 경향이 있다. 구체적으로, 과학적 창의성의 궁극적인 목적은 신비로운 자연 현상을 이해하고 해석할 수 있는 일반화된 법칙을 만들어 내는 것에 있는 반면, 공학적 창의성은 일상에서 무언가 불편함을 느꼈을 때 좀 더 편리한 생활을 영위하기 위해 필요한 산물을 고안하고 만들어 내는 것에 목적을 둔다(Kaufman & Baer, 2005). 이에 대하여 최무영(2016)은 과학적 창의성은 정신문화에 가깝고, 공학적 창의성은 물질문명에 가깝다고 언급하기도 하였다.

이 두 분야의 창의성은 창의적 과정에도 차이가 있다. 과학적 창의성은 기본적으로 관찰된 변인들 간의 관계를 밝히는 과정을 거치는 반면, 공학적 창의성은 생활에 편리한 산물을 제작하기 위해 알고리즘을 설계하고 구현하는 과정을 거치게 된다(Kaufman & Baer, 2005). 특별히 공학적 창의성에 대해 Sternberg 외(2004)는 새롭고 실행가능하며 비용 효율적인 특징을 지닌다고 언급하였다.

즉, 창의성의 중요한 요소 중 하나인 유용성이 강조되는데, 공학적 창의성에서의 유용성은 현사회의 필요성에 부합되는가가 매우 중요하고 창의성을 실현하기 위해 드는 비용에 대한 효율성도 고려해볼 필요가 있음을 의미한다. 4차 산업혁명시대에는 기술의 진보로 과학적 창의성보다 공학적(기술적) 창의성에 더 큰 관심을 기울이는 것이 사실이다. 하지만 과학적 창의성, 즉 자연현상을 설명하는 견고한 이론을 세우고 지식을 창출하는 것도 공학적 창의성만큼 중요하다. 이는 견고한 과학적 원리와 이론 위에 공학적 창의성이 더 의미 있게 실현될 수 있기 때문이다.

먼저, 과학적 지식 산출역량을 키우기 위해서는 데이터를 이론으로 만드는 상상력과, 이 이론을 과학적 원리와 규칙으로 설명할 수 있는 논리력이 필요하다. 이와 관련하여 최무영(2016)은 과학적 창의력을 '논리의 적합성 속 창조'와 '상상을 상식으로 바꾸는 과정'으로 표현하기도 하였다. 예를 들어, 보어의 원자론(automic theory)은 원자가 마치 태양계 행성처럼 움직인다고 생각한 상상력을 통해 새롭게 제안할 수 있었다. 즉, 상상력을 발휘해 새로운 이론을 새롭게 제안하는 것도 중요하지만, 새롭게 제안된 이론은 상식이 될 수 있도록 논리적으로 설명될 수 있어야 한다. 따라서 과학영재들이 주어진 과학문제를 빠르고 정확하게 풀게 하는 데에만 초점을 두지 말고, 상상력을 발휘해서 새로운 원리를 발견하고, 이를 논리적으로 설명할 수 있도록 교육하는 것이 필요할 것이다. 이를 위해서는 박종원(2004)이 제안한 것처럼 유연하고 새로운 것을 많이 생성하는 발산적 사고(divergent thinking)와 유사한 것과 유사하지 않은 것을 연결하고 통합할 수 있는 연관적 사고(associative thinking)뿐 아니라 정합성과 논리성에 초점을 두는 수렴적 사고 (convergent thinking)도 함께 강조될 필요가 있다.

또한, 공학적 실행역량을 계발하기 위해서는 실세계 적응능력이 중요하다. 적응력(adaptability)이란 새로운 상황 변화에 기존의 도식을 조정할 수 있는 능력을 의미하는데(Eggen & Kauchak, 2007), 지속적으로 변화하는 실세계의 니즈를 파악하고 효용가치가 있는 창조적 제품을 생산할 수 있어야 한다. 미국 보스턴에 위치한 올린 공대에서는 '자연디자인'이라는 수업에서 학생들에게 장난감을 설계하도록 하는데 이에 대한 평가를 근처 초등학생들에게 하도록 하여 소비자의 니즈를 충족시키는 공학을 체득하도록 한다. 이를 '디자인 중심의 실행하고 배우기 교육(do-learn approach)'이라고 부르는데, 공학적 실행역량 개발을 위해 적용 가능한 대표적인 교육 방법이라고 볼 수 있다. 이와 같이 과학영재들은 실세계 적응능력을 통해 사람들의 삶을 바꿀 수 있는 기술공학적 실행역량을 실현할 수 있어야 한다.

⚙ 초연결시대의 상생하는 매개자

2025년 세계의 초연결성:

유튜브에는 매 분마다 200시간이 넘는 동영상이 올라온다.

지구상에는 1,000억 개가 넘는 연결된 도구가 존재한다.

1조가 넘는 연결된 칩, 센서, 기계들이 존재한다.

3억 개의 착용 장치가 온라인으로 연결되어 있다.

모바일 도구는 매달 50엑사바이트가 넘는 데이터를 생산한다.

70억 명 이상의 사람이 모바일 인터넷으로 연결된다.

—Canton, 2015—

　4차 산업혁명시대는 네트워크의 폭발적 성장으로 사람과 사람 간의 연결뿐 아니라 사람과 사물, 사물과 사물 간의 역동적인 연결이 가능해지는 초연결사회(hyper-connected society)가 도래하게 된다(한국정보화진흥원, 2017). 예를 들어, Bill Gates가 제안한 심리스 컴퓨팅(seamless computing)은 '이음새 없는(seamless)' 환경을 구축한다는 뜻으로, 컴퓨터, 태블릿 PC, 스마트폰 등 다양한 디바이스들이 통합되어 사용자는 시공간에 제약 없이 작업을 이어갈 수 있는데, 이는 사물과 사물, 사람과 사물이 연결되는 대표적인 예가 될 수 있을 것이다. 네트워크가 긴밀하게 이루어지는 초연결사회에서는 인공지능과의 공생을 넘어서 상생이 이루어져야 한다. 상생은 공생보다 포괄적이고 적극적인 의미를 지니며, 갈등과 대립 가운데에서도 화합할 수 있는 힘을 의미하는데(매일경제용어사전), 과학영재들은 인간과 인공지능이 상생할 수 있도록 그 사이에서 과학적 의사소통을 강화할 수 있는 매개자가 되어야 한다.

　기존에 과학교육에서 요구하는 과학적 의사소통능력은 "과학적 문제해결 과정과 결과를 공유하고 발전시키기 위해 자신의 생각을 주장하고 타인의 생각을 이해하며 조정하는 능력(송진웅, 나지연, 2015, p. 81)"으로서, 과학적 이슈의 이해, 과학적 용어의 사용, 과학적 도해의 사용, 과학적 논증의 사용 등을 포함하고 있다(과학개정교육과정, 2015). 또한, 최근 수행되고 있는 과학영재를 위한 핵심역량 연구(박재진, 윤지현, 강성주, 2014)에서도 의사소통역량의 경우,

의견을 조리 있게 전달하거나, 사람을 잘 설득하거나, 자신의 연구를 배경지식이 없는 일반인들에게(lay persons) 용이하게 이해할 수 있도록 설명하는 역량 등에 한정되어 있다. 하지만 이러한 과학적 의사소통 및 소통공유능력은 주로 사람과 사람과의 소통과정에서 요구되는 역량으로 다양한 대상과의 초연결적 네트워크 상황에 적용하기에는 부족하다. 지능정보시대 초연결적 매개자가 사람과 사람과의 소통을 넘어서 다양한 대상과의 협력적 소통을 가능하게 하기 위해서는 휴먼-휴먼 간의 소통을 넘어선, 휴먼-컴퓨터 매개역량과 이성-감성의 매개역량이 필요하다.

첫째, 휴먼-컴퓨터 매개역량은 네트워크를 통해 과학지식을 공유하고 과학이슈에 대하여 논의할 때, 인공지능의 기능과 인간의 지혜를 잘 조합할 수 있는 역량을 의미한다. 현실-가상세계가 결합되면서 현실과 사이버 세계의 정보를 잘 조합하여 연결시킬 수 있는 역량이 중요해졌는데, 이를 위해서는 실생활의 추상적인 문제를 컴퓨터의 언어와 논리로 해결하는 컴퓨팅 사고력(computing thinking)과 네트워크상에 존재하는 방대한 데이터를 체계적으로 가공하고 조합할 수 있는 빅데이터 편집역량이 필요하다.

먼저, 컴퓨팅 사고역량은 크게 추상화(abstraction)와 자동화(automation)로 구분되는데(Wing, 2008), 추상화는 실세계 문제를 컴퓨터가 이해할 수 있는 모델로 세우는 사고과정이고, 자동화는 구축된 모델을 컴퓨터 언어로 표현하여 시뮬레이션하는 과정을 의미한다. 미국의 National Research Council이 2010년에 출간한 『컴퓨팅 사고(computational thinking)의 범위와 성격에 대한 워크숍 보고서』에서는 컴퓨터가 이해할 수 있는 문제를 구성하여 추상적으로 모델링하고, 데이터를 체계화하여 알고리즘을 통해 문제해결을 자동화하는 역량으로 개념화하고 있다(김병조, 전용주, 김지현, 김태영, 2016에서 재인용). 과학영재들은 이와 같은 컴퓨팅 사고역량을 통해 휴먼-컴퓨터 간의 상호작용을 극대화함으로써 추상적인 현실세계 문제를 기계와의 협력적 소통을 통해 효율적으로 해결해 나갈 필요가 있다.

또한, 빅데이터 편집역량은 네트워크를 이용하여 다양한 데이터를 체계적으로 연결하고 조합함으로써 새로운 과학지식을 창출할 수 있는 역량을 의미한다. 네트워크의 폭발적 연결로 데이터의 가공, 편집, 활용능력이 중요해졌으며, 이러한 역량을 통해 인공지능과의 협력적 소통이 확대될 것이다. 특별히, 과학영재들은 다른 분야의 영재들에 비해 논리적이고, 객관적이고, 체계적이며, 법칙에 따르는 사고가 능하다는 사실을 고려해볼 때(Simonton, 2009), 휴먼-컴퓨터를 매개하는 데 필요한 컴퓨팅사고와 빅데이터 편집역량을 계발하는 데 유리할 것으로 사료된다.

둘째, 이성-감성의 매개역량은 이성적 과학정보와 지식을 감성적으로 공유하고 소통할 수 있는 역량을 의미한다. 지식창출을 위한 휴먼네트워크는 강화되었지만 오프라인 상호작용이 줄어들면서 사람들의 감성적 공감적 소통에 대한 갈망은 증대되고 있다. 따라서 과학영재들에게 이성적 지식을 감성적으로 공유할 수 있는 공감, 감수성 역량이 필요하다.

또한, 초연결 사회에서는 다수의 사람들이 시공간을 초월하여 공동의 작업을 할 수 있기에 협력적인 의사결정이 매우 중요하다. 예를 들어, 최근 집단 지성을 위해 활용되고 있는 크라우드소싱

(crowdsourcing)은 대중이 기업 활동에 참여하여 기여한 만큼 수익도 배분하는 방식을 뜻하는데, 이와 같이 초연결 네트워크상에서 이질적 타자와의 상호작용이 증대되면서 협력적 소통이 중요해졌다. 이와 함께 휴먼, 감성 네트워크의 중요성도 강조되고 있는데, 과학영재들은 인간의 감성을 자극할 수 있는 감성 컴퓨팅을 초연결적 네트워크에 도입하여 이성과 감성을 매개할 수 있는 역할을 수행할 필요가 있다.

추가적으로 초연결 네트워크에서 중시하는 인간의 감성에 대한 역량은 Goleman(2006)이 제안한 감성지능(emotional intelligence)을 근거로 설명할 수 있다. 감성지능은 자신과 타인의 감성을 잘 제어하고 다양한 감성들을 잘 인식하여 이를 바탕으로 생각과 행동의 방향을 결정할 수 있는 역량을 의미하고, 감성지능의 하위요인은 자기인식, 자기조절, 사회적 대인관계 기술, 감정이입, 동기화로 구성되어 있다(Goleman, 2006). 자기인식은 자신의 감성을 잘 인식하는 것을 의미하고, 자기조절은 감정적 충동을 잘 억제할 수 있는 역량을 뜻한다. 사회적 대인관계 기술은 타인과 감정적으로 안정된 관계를 유지할 수 있는 역량이며, 감정이입은 어떤 의사를 결정할 때 타인의 감성을 고려할 수 있는 역량을 뜻하고, 동기화는 성취를 위해 감정적 이끌림을 갖는 것을 의미한다. 하지만 과학영재들은 다른 영역의 영재들에 비해 감성 및 심미성 측면의 개방성이 부족하고(Kaufman et al., 2016), 의사결정 시 개인적 감성과 가치보다는 이성적 사고와 논리에 의존하는 경향성이 높기에(Clark, 2000; Mills, 1993; Sak, 2004), 보다 더 중점적으로 이러한 감성역량을 신장시킬 필요가 있다.

또한, 이와 같은 집단창의성을 위해 감성지능과 함께 사회지능(social intelligence)도 강조되고 있다(Albrecht, 2006). 사회지능은 사회적 관계 속에서 타인을 잘 이해하고 적절하게 행동하고 처신하는 역량을 의미하는데, Albrecdht(2006)는 구체적으로 상황파악력, 존재감, 진정성, 명료성, 공감력 등을 제안하였다. 상황파악력은 특성 상황 속에서 타인의 생각과 행동을 이해하고 인지할 수 있는 역량이며, 자신의 존재성을 관계 속에서 과하거나 부족하지 않게 드러낼 수 있는 역량을 뜻한다. 타인과의 관계에서 진실함을 가질 수 있는 역량이 진정성이며, 자신의 생각과 행동을 분명하게 보일 수 있는 힘이 명료성이다. 마지막으로, 상대방이 느끼는 것을 함께 느낄 수 있고 그로 인해 긍정적인 공감대를 형성할 수 있는 역량이 공감력이다.

그동안 감성지능과 사회적 지능은 주로 오프라인상에서 맺어진 사회적 관계를 중심으로 개념화되고 적용되어 왔는데, 지능정보사회에서는 초연결적 네트워크상에서, 즉 불특정 다수와 복잡하게 맺어진 사회적 관계에서 어떤 차별성을 가지고 이러한 지능을 계발시켜야 할지 특별한 고찰이 필요하다. 특별히 과학영재들은 초연결적 관계를 중심으로 과학적 전문지식을 공유하고 협력적으로 창의적 산물을 창출할 때, 이러한 감성지능과 사회지능 역량을 발휘할 수 있어야 할 것인데, 이에 대한 구체적 적용방안에 대해서는 추후 더 많은 논의가 필요할 것으로 사료된다.

⚙ 멀티커리어 시대의 전생애적 과학자

3-5-19:

인간은 일생동안 3개 이상 영역에서, 5개 이상의 직업

그리고 19개 이상의 서로 다른 직무경험을 하게 될 것이다.

-Deresiewicz, 2014-

20년 안에 사라지는 직업:

판사, 회계사, 텔레마케터, 부동산 중개인, 자동차엔지니어,

기계전문가, 비행기조종사, 항공공학자, 경제학자, 세무사, 보험심사역 등 …

전 세계 7세 어린이 65%는 현재 존재하지 않는 직업에 종사할 것이다.

-Frey & Osborne, 2017-

4차 산업혁명시대에는 인공지능이 기계적 업무를 대신 처리해주면서 직업세계에 큰 변화가 올 것으로 예상된다. 급변하는 사회 속에서 하나의 직업만으로는 살아갈 수 없는 멀티커리어(multi-career) 시대를 맞이하게 될 것이며, 이로 인해 경력개발은 생애 전주기적으로 이루어져야 하는 평생의 과업이 될 것이다(Deresiewicz, 2014). 이와 같은 시대에 과학영재들은 진로를 스스로 디자인할 수 있는 전생애적 과학자가 되어야 한다. 전생애적 과학자는 진로개발을 넘어 자기주도적으로 진로를 창조할 수 있으며, 새로운 진로환경에 대한 변화수용 및 대처능력이 뛰어난 사람을 의미한다. 또한, 첨단 과학기술 환경에 대한 적응력을 높이기 위해 지속적으로 학습하는 역량도 높여야 한다. 특별히 과학영재들

은 일반학생들에 비해 자기주도력, 자기확신, 자아개념, 리더십이 더 강하며 성숙한 특징(precocity)이 있는데(한국교육개발원, 2015), 과학적 잠재력을 지닌 미래과학자로서 진로역량을 체계적으로 계발시키는 것이 중요할 것이다.

한국교육개발원(2015)은 과학영재들의 과학적 진로역량으로 1) 진로탐구역량, 2) 진로체험역량, 3) 직업의 가치 이해역량, 4) 진로의 평가역량으로 구분하여 제시하였다. 구체적으로, 진로탐구역량은 과학기술계의 여러 가지 진로에 대한 정보를 탐색할 수 있는 역량이며, 진로체험역량은 인턴십 참여, 강의청강 등과 같은 활동을 통해 직접 자신의 적성과 소질이 해당 직업과 맞는지 경험할 수 있는 역량을 뜻한다. 직업의 가치이해는 본인이 선택한 진로가 개인적, 사회적으로 어떤 가치가 있는지 생각하고 의견을 공유할 수 있는 역량이고, 진로의 평가역량은 진로활동 준비과정을 점검하고 이에 대해 평가할 수 있는 역량을 의미한다.

진로를 창조해가는 전생애적 과학자의 하위역량은 크게 자기주도적 진로창조역량과 첨단과학기술 습득 및 학습역량으로 구성된다. 자기주도 진로창조역량은 변화무쌍한 지능정보시대 직업세계에서 자신의 적성과 흥미를 고려해 전주기적으로 진로를 창조해가는 역량을 의미하는데, 이를 위해서는 직업세계 변화를 수용하고 대처할 수 있어야 하며, 진로의 탐구, 진로의 체험, 직업의 가치이해, 진로의 평가과정이 등이 역동적으로 이루어져야 할 것이다. 또한, 4차 산업혁명 유망직종에 대한 진로계발 및 과학기술 분야의 새로운 직업을 창조할 수 있는 창직역량도 중요하다.

인공지능사회에서는 로봇으로 대체되는 직업이 늘어나면서 직업사회 전반에 큰 변화가 일어날 것으로 예견되는데, 특별히 최근 직업세계에서는 높은 연봉보다 저녁 있는 삶을 더 원하는 바람이 불고 있다. 즉, 진로 개발에서 물질적 충족보다 개인의 행복이 더 우선시되고 있는데, 이러한 현상은 Hall(2004)이 제안한 '프로틴(protean) 경력'이라는 개념으로 설명할 수 있다. 자신의 모습을 마음먹은 대로 변형시킬 수 있는 그리스의 신 프로테우스(Proteus)의 이름에 어원을 두고 있는 이 개념은, 진로개발에 있어서 개인의 주관적, 심리적 만족감이 연봉이나 직급과 같은 객관적 성취지표보다 더 중시되는 것을 의미한다. 따라서 이제는 과거의 과학자들이 전통적으로 만들어 놓은 진로계발모형에 맞추어 진로를 설계하면 프로틴 경력을 발달시키기 어려울 것이다. 이러한 시대에 과학영재들에게 중요한 것은 기존의 방법을 답습하지 않고 자기 주도적으로 진로를 스스로 디자인하고 창조할 수 있는 역량이다.

더욱이, 지능정보사회에서는 경력개발의 주체가 기업에서 개인으로 전환되면서 개인의 진로설계에 대한 주도성이 더 중요해졌다. 최근 긱 경제(gig economy) 현상이 일어나면서, 근로자들은 근무시간을 유연하게 선택하고 유동적으로 필요에 따라 근무지와 업무를 바꿀 수 있게 되었다. 과거와 같이 한 기업에 소속되어 그 기업이 요구하는 시스템에 맞추어 근무하는 환경에서 큰 변화가 생긴 것이다. 예를 들어, 네트워크 시스템을 통해 병에 대한 조언을 해주는 '닥터온디맨드(doctor on demand)'에서는 의학 전문가가 시공간의 제약을 받지 않고 환자들을 상담해 주고 있는데, 특정 병원에 소속되어 근무하는 것과 달리, 전문가 스스로가 근무시간과 업무형태를 선택하고 조정할 수 있게 되었다(미래창조과학부 외,

2017).

과학영재들이 자기 주도적으로 진로를 계발하기 위해서는 경력개발에서 강조하는 경력역량(career competences)을 지녀야 할 필요가 있다. 경력역량은 크게 경력정체성(career identity), 경력통제(career control), 경력회복력(career-resilience), 셀프-프로파일링(self-profiling), 경력탐색(career exploration) 등으로 구성된다. 경력정체성은 내가 누구인지 나의 정체성을 정의하는 데 있어서 나의 직업이나 직무가 얼마나 중요한 부분을 차지하는지를 뜻하며, 경력통제는 본인 스스로가 자신의 경력을 조정하고 관리할 수 있는 역량을 의미한다(Akkermans, Brenninkmeijer, Huibers, & Blonk, 2013). 경력회복력은 경력개발 단계에서 위기를 만났을 때 극복할 수 있는 힘을 뜻하고, 셀프-프로파일링은 자신의 직무관련 강점과 재능을 사람들에게 잘 보여주고 설득하는 역량이며, 경력탐색행동은 관심 있는 직종의 전문가를 만나거나, 정보를 수집하거나, 직업현장을 체험해 보는 것과 같은 탐색행동을 적극적으로 수행하는 역량을 의미한다(Akkermans et al., 2013). 이와 같은 과학영재들의 경력역량이 초연결적 네트워크상에서 어떻게 발휘되어야 할지 논의가 필요하다. 실제로 미국에서는 링크드인(LinkedIn)이라는 네트워크를 통해 구인, 구직 작업이 활발히 이루어지는데, 경력개발자로서 이러한 네트워크를 통해 셀프-프로파일링하고 경력탐색행동을 할 때, 특별히 필요한 구체적인 역량과 전략이 무엇인지 파악하고 계발시키는 것이 중요할 것이다. 그런데 이러한 경력역량을 계발할 때 무조건 열심히 노력하는 데에만 초점을 두기보다, 자신의 내재적 가치와 목표에 집중하며 좀 더 유연하고 독창적으로 경력을 디자인해 나갈 필요가 있다. 이와 관련하여 한기순과 유경훈(2013)은 상품의 사양을 뜻하는 '스펙'이라는 용어가 경력개발자의 역량을 판단·비교하는 준거가 된 현실을 비판하며, 경력개발은 상품의 제조 이력(履歷)이 아닌 개인의 독특한 특성과 개성이 담긴 자신만의 전기(傳記)를 만들어 가는 과정이어야 함을 강조한 바 있다. 이와 같이 과학영재들도 소위 말하는 '스펙' 쌓기에만 열중하는 것이 아닌, 자신만의 고유한 속성과 경험이 반영된 진로를 창의적으로 디자인할 수 있어야 할 것이다.

전생애적 과학자가 되기 위해서는 자기 주도적 진로계발뿐 아니라 첨단과학 기술 기반 창직역량도 중요하다. 미래창조과학부 외(2017)에서는 과학 분야에서 새롭게 창조될 수 있는 다양한 직업을 제시하였다. 구체적으로, 테크니컬 라이터(technical writer), 사용자 경험 디자이너(user experience designer), 홀로그램 전시기획가, 드론 조종사 등이 있다. 테크니컬 라이터는 첨단 기술 제품 설명서를 전문지식이 없는 사용자도 용이하게 이해할 수 있도록 설명에 대한 소프트웨어 기능을 만드는 사람을 뜻하며, 사용자 경험 디자이너는 인간의 심리적 요인을 기반으로 흥미 있는 가상세계를 경험할 수 있도록 다양한 체험 프로그램을 디자인하는 역할을 수행한다. 이 외에도 미래창조과학부 외(2017)에서는 아바타 개발자, 두뇌/기계 인터페이스 전문가, 기억 대리인, 우주여행 가이드, 우주농부 등과 같은 직업이 만들어질 것으로 예상한다. 한국고용정보원에 따르면, 2016년 기준 우리나라 직업 수는 약 1만 4,900개에 불과했지만 미국의 경우 3만여 개의 직업이 있는 것으로 보고되고 있는데, 이러한 데이터는 아직 우리나라에서 창직 활동이 활발하게 이루어지지 않고 있음을 나타내준다(미래창조과학부 외, 2017에서 재인용). 따라서 과학영재들의 첨단기술학습 역량과 창직역량이 더해져 과학과 관련된 새로운 직업을 다양하게 만들어 낼 수 있어야 할 것이다.

둘째, 첨단과학기술 습득 및 학습역량은 과학기술분야에 대한 평생학습역량으로 급변하는 사회에 요구되는 미래지향적인 과학지식과 기술을 잘 습득하고 지속적으로 학습하는 역량을 의미한다. 특별히 미래사회에는 자율자동차, 가상 증강현실, 스마트 시티, 미세먼지 절감, 노령화, 정밀 의료, 빈곤 등과 같은 핵심이슈가 공동의 해결과제로 주어질 것으로 예측된다. 이러한 핵심이슈가 반영된 프로젝트를 수행하기 위해서는 로보틱스, 나노기술, 빅데이터, 사물인터넷과 같은 첨단기술뿐 아니라 나노(NT), 바이오(BT), 정보통신(ICT), 인지과학(CS) 등 새로운 분야에 대한 지속적인 학습역량이 요구된다. 과학영재들은 미래사회 공동체의 일원으로 새로운 과학기술적 사회문제에 대한 책임감을 가지고 자기 주도적으로 학습할 수 있어야 하며, 특별히 새로운 변화에 적응하며 진로를 계발할 수 있는 변화수용 및 대처역량을 키워야 할 것이다.

02

4차 산업혁명시대 과학영재교육의 방향

본 연구에서는 4차 산업혁명시대 과학영재교육의 방향성을 시대변화에 따라 요구되는 인재상과 핵심역량을 바탕으로 고찰해보았다. 이 장에서는 이렇게 새롭게 요구되는 인재상에 발맞춰 향후 영재교육의 시스템에 있어 어떠한 변화가 요구되는가에 대하여 제언하고자 한다.

우선 선발과 교육 방식에 있어서의 패러다임의 전환이 요구된다. 현재의 영재교육은 그 선발의 신뢰성이나 타당성이 그다지 높지 않음에도 불구하고 영재선발이 상당히 패쇄적이며 영재선발에서 배제 혹은 제외된 학생들에게는 프로그램의 접근이 허용되지 않는 것이 현실이다. 본 연구에서 제시하는 인재상에 따른 핵심역량인 유연하고 비판적인 상황인지역량, 인문학적 소양, 과학적 지식산출역량과 공학적 실행역량, 휴먼-컴퓨터 및 이성-감성 매개역량, 진로창조역량과 첨단기술 습득역량 등은 기존의 전통적 맥락의 선발방식과는 사뭇 다른 접근을 요한다. 따라서 누가 영재인가에만 지나친 관심과 초점을 두기보단 열린 방식의 영재선발, 혹은 누구에게나 어디서나 언제나(who-where-when-ever) 접근 가능한 영재교육을 통해 보다 다수의 잠재적 영재아들에게 미래사회가 요구하는 역량을 계발할 기회가 주어질 필요가 있다. Florida Virtual School(FVS) 같은 가상형 온라인 영재교육 시스템 구축을 통해 지역-기관 간 영재교육 편차 및 불균형을 해소하고 영재교육 수혜 여부와 관계없이 관심 있는 학생들의 접근, 선택, 활용이 가능하도록 구성하는 것이 바람직하다. 영재교육의 이러한 'SOS(share-open-spread)' 전략, 즉 영재교육의 '열린발굴-공유-확산 시도'는 영재교육 접근성 제고를 통해 영재교육의 불평등 해소에 기여할 것으로 기대한다.

둘째, 본 연구가 제시하는 인재상은 성장가능성 중심의 발굴과 미래핵심역량 중심의 교육을 전제로 한다. 본 연구가 제시하는 인

재상은 현재의 성적-성취 위주에서 창의-산출 및 지식창출형 영
재로의 패러다임 전환을 시사한다. 이는 안정적인 학업성취만을
추구하는 '모범생' 선발에서 변화와 도전을 두려워하지 않고 새로
운 창조활동을 시도하는 '모험생' 선발로의 전환, 과학 분야 지식
을 많이 축적하고, 빠르게 기억할 수 있는 '지식 소유자' 선발에서
무한한 빅데이터를 창의적으로 편집하여 새로운 과학지식을 창출
할 수 있는 '지식 편집자' 선발로의 전환, 많은 지식을 빠르고 정확
하게 '암기하는 학습자' 선발에서 새롭고 신기하는 것을 좋아하여
그에 대한 '지식과 분야를 창출할 수 있는 개척자' 선발로의 전환,
잘 정의되고(well-defined) 정답 있는 문제를 한정된 시간에 정확
하고 빠르게 잘 푸는 '문제해결형 인재'에서 잘 정의되지 않고(ill-
defined) 정답 없는 문제를 잘 발견하고 그에 대한 의미를 찾을 수
있는 '문제발견형 인재'로의 전환을 의미한다. 이와 함께, 미래핵심
역량 중심의 교육은 교과목 위주의 칸막이식 교육에서 지역사회와
연계한 다양한 크고 작은 실제 문제 융합 프로젝트 경험, 인공지능,
가상증강현실, 자율주행, 스마트시티, 정밀의료, 바이오신약, 탄소
자원화, 미세먼지 절감, 노령화, 빈곤 이슈 등 미래 핵심이슈를 반
영한 프로젝트 수업 등을 의미한다. 예를 들어, 미국 토머스제퍼
슨 과학기술고등학교에서는 생물, 영어, 기술을 독립된 교과목으
로 구분하여 배우지 않고 통합된 IBET(Integrated Biology, English,
and Technology) 프로그램으로 학습한다. 독일 토마스 만 김나지움
(Thomas-Mann-Schule)에서는 유럽전역에 갈대밭이 사라지는 문제
를 인식하고 뤼베크 대학과 연계하여 이 현상의 생물학적, 비생물
학적 매개원인을 찾고 그 해결방안을 모색하는 프로젝트를 시행하

고 있는데, 이는 지역사회 연계 미래핵심역량 교육의 대표적인 예가 될 수 있을 것이다. 또한, 미래사회 요구를 반영한 나노(NT), 바이오(BT), 정보통신(ICT), 인지과학(CS) 등의 공학영재 교육 프로그램 강화, 개인의 흥미, 동기, 적성, 열정을 고려한 '자기설계' 중심의 연구역량 강화 프로그램 확대 등을 포함하기도 한다. 이와 관련하여, 과학영재교육기관에서 운영하는 교육과정을 콘텐츠별, 주제별로 모듈을 구성하여 자체 기관뿐 아니라 타기관에서도 교육을 받을 수 있도록 하여 과학영재들의 관심과 흥미에 따라 교육프로그램을 유연하게 선택할 수 있도록 하는 방안을 모색할 수 있다.

셋째, 기존의 영재교육기관은 '교육기관'에서 '연구체험 공간'으로 관점 전환이 필요하다. 이는 영재교육기관이 '독점적 소유' 공간에서 '나눔과 베풂'의 공간으로 전환됨을 의미한다. 이와 같은 공간에서 과학영재들은 생산자(producer)와 소비자(consumer)의 역할이 혼연 일체된 프로슈머(prosumer)로 성장하여, 자신의 체험과 산출물을 주변과 나누고 공유할 수 있게 된다. 또한, '게이트 키퍼(gate-keeper)'에서 '플랫폼(platform)'으로의 패러다임 전환을 의미하기도 한다. 즉, 영재교육기관은 교육서비스의 수요자와 공급자 사이에서 학사행정, 강의, 시설, 연구 등을 일괄적으로 제공하거나 통제하는 것이 아닌, 다수의 수요자와 공급자가 각자가 원하는 가치를 서로 상호작용하며 교환할 수 있는 상생의 장(場)을 제공하는 것이다. 이는 영재교육기관이 선발된 소수를 위한 소극적이고 수동적인 맥락의 교육을 제공하기보다는 지역사회의 학습공원(learning park), 즉 관심과 흥미 기반 참여형 연구체험 공간 역할을 통해 보다 능동적이고 적극적인 교육과 체험의 기회를 제공함을 시사한다.

　이와 함께, 인지적 교육에 치우친 기존의 영재교육에서 탈피해 인문학적 상상력을 갖춘 협력하는 '선한' 과학영재 양성을 위한 다각적인 노력이 요구된다. 더불어 사는 가치에 대한 강조와 함께 인간중심성과 가치지향성을 함양할 수 있는 다양한 프로그램의 개발 역시 중요하다. 예를 들어, 소외된 90%를 위한 디자인처럼 적정기술, 공정무역 등 더불어 사는 가치가 영재교육 수업 철학과 내용에 반영될 필요가 있으며, 싱가포르난양공대(NTU)가 도입한 르네상스 엔지니어링 프로그램처럼 공학교육에 과학, 경영, 인문학을 융합할 필요가 있다.

　2018년 제4차 영재교육중장기계획과 제3차 과학영재발굴육성 종합계획이 다시 새롭게 시작되지만 이러한 계획들이 현장에서의 실제적 변화로 이어질 것이라는 기대감은 그다지 크지 않다. 지난 계획들로부터의 학습된 무기력이라고 봐도 무관하다. 현재 진행되고 있는 영재교육을 보면 과연 작금의 영재교육이 앞으로 20년 후, 30년 후에도 지속가능할까 하는 의문을 갖게 되는 것도 사실이다. 이에 4차 산업혁명시대에 즈음하여 우리 영재교육에 대한 보다 근원적인 고민이 필요하다. 본 연구가 제안한 영재교육의 방향과 제안과 관련하여 'WHAT'과 함께 'WHY'와 'HOW'에 대한 보다 적극적인 고민이 필요하다. 다시 말해 '무엇을 할 것인가'에 관한 고민과 함께 '왜 해야 하는가' '어떻게 존재−작동하게 할 것인가'에 관해 보다 구체적인 대책과 고민이 필요하다는 말이다. '어떻게 작동가능하게 할 것인가'에 관한 고민 없이 '무엇을 할 것인가'에 관한 생각들은 자칫 울림 없는 모토에 지나지 않을 수 있기 때문이다.

본 연구는 '영재교육 4.0 시대'에 대비하여 지속가능한 영재교육 시스템 구축을 위해 과학 분야라는 내용영역의 특수성과 영재라는 교육대상의 특수성이 반영된 인재상과 핵심역량을 제안해 보고 이를 위한 실제적 방향성을 탐색해보고자 하였다. 본 연구의 결과가 4차 산업혁명에 '대응하는' 영재교육이 아닌, 4차 그리고 앞으로 올 5차, 6차, N차 산업혁명을 '주도하는' 교육으로 나아가는 데 있어 영재교육의 '변화'와 '실천'을 위한 기초자료로 활용되기를 기대해본다.

PART 02

4차
산업혁명시대의
과학영재교육 혁신전략

Chapter 3

4차 산업혁명시대
과학영재의 정의 및 발굴 혁신전략

 '영재교육'이란 가장 간단하게 정의하면 '영재를 대상으로 한 교육'이다. 즉, 영재라는 학습자의 특성(지적, 정의적, 사회적 특성 등)이 독특하여 일반 학생들을 대상으로 한 일반적인 교육이 적절하지 않기 때문에 그들의 특성을 고려한 다른 교육을 제공해야 한다는 것이 영재교육의 필요성이라고 할 수 있다. 따라서 영재교육의 가장 핵심이자 처음 이루어져야 할 일은 '누가 영재인가?'라는 교육의 대상을 정하는 일이다. 그러나 '누가 영재인가?'에 대한 명확히 합의된 기준이 없어 교육 대상을 정하는 데 어려움이 있다. 수많은 학자가 영재성이 무엇인지 밝히기 위해 일생에 걸쳐 연구를 수행했으나 이 질문에 절대적인 답을 제시한 학자는 없으며, 당연히 하나의 통일된 영재의 정의는 존재하지 않는다. 시대와 국가, 문화를 초월한 통일된 영재의 정의가 없는 것은 영재성이 해당 사회, 문화와 매우 밀접하게 관련된 개념이기 때문이다. 이와 같은 현실적인 어려움에도 불구하고 영재교육이 국가 정책의 일환으로 시행되기 위해서는 정책의 목적과 정합성을 가진 영재의 정의, 즉 영재교육의 대상을 구체화하고 이들을 선정하기 위한 과정과 기준이 필요하다.

우리나라의 영재교육은 다른 나라들과 달리 독특한 특징이 있는데, 그것은 수학, 과학 등 재능 분야별 영재교육을 실시한다는 것이다. 즉, 영재들의 일반적인 특성[1]을 고려하여 대상자를 선정하고 교육하기보다는, 재능을 중심으로 대상자를 선정하고 재능 분야 교육을 실시하고 있다.[2] 이처럼 심화된 재능교육의 일환으로 영재교육이 이루어지는 것은 영재의 정의에서 영역 특수성이 강조되는 현대의 추세와 영재교육 대상자 선정과 프로그램 구성 등 실천이 용이하고 효과적이라는 이유에서이다. 최근 들어 미국을 비롯한 다른 나라의 영재교육도 이와 같은 접근을 하고자 하는 경향이 강해지고 있다.

한편 4차 산업혁명시대에 대한 관심이 높아지면서 4차 산업혁명시대에 적합한 '과학영재'가 누구인지에 대한 질문이 이루어지고 있다. 보편적으로 인식되는 영재의 특성과 함께 4차 산업혁명시대라는 시대상과 환경을 반영한 '과학영재'를 어떻게 정의할 것인가를 고민하는 것이 새로운 시대의 과학영재교육을 위한 첫걸음일

---

1) 대표적인 것이 지능(IQ) 검사결과, 학업성취도, 일반적인 창의성 검사 등
2) 심화된 재능교육으로서 영재교육을 실시하는 것은 영재교육의 목표를 구체화하고 실천하기 용이하다는 장점은 있지만, 재능분야 이외의 교육에서는 영재의 특성에 적합한 교육이 이루어지지 못한다는 단점이 있다.

것이다. 또한 이전까지 경험하지 못했던 급변하는 환경과 개인의 능력만으로는 뛰어난 업적을 만들기 어려운 복잡한 환경을 고려했을 때 현재처럼 제한적으로 소수의 영재를 미리 선발하여 교육하는 정책이 과연 적절한가에 대한 고민이 필요한 시점이다. 따라서 본 장에서는 '4차 산업혁명시대'라는 특성을 반영하여 과학영재를 어떻게 정의할 것인가'에 대해 고민하고, 이들을 발굴하기 위한 혁신전략을 살펴보고자 한다.

01

영재의 정의 및 특성

⚙️ 영재교육 진흥법의 영재의 정의

우리나라 「영재교육 진흥법」의 영재의 정의는 미국 교육부가 1972년에 제시한 영재의 정의와 매우 유사하다(Marland, 1972). 2000년 제정된 우리나라의 「영재교육 진흥법」 제2조에서는 '영재'란 재능이 뛰어난 사람으로서 타고난 잠재력을 계발하기 위하여 특별한 교육이 필요한 사람으로 정의한다. 즉, 재능 중심의 영재성을 강조하고 있으며, 현재 발현된 능력뿐만 아니라 잠재능력까지 포함하여 매우 포괄적으로 정의하고 있다. 이와 같은 포괄적인 영재의 정의는 법의 명칭에서 나타나듯이 영재교육을 진흥하기 위해 영재교육의 대상을 넓히는 효과는 있으나 영재 선발에 적용하기에 구체적이지 않아 실제로 '누가 영재인가'를 결정해야 하는 교육 현장에 적용하기에는 어려움이 있다.

제2조(정의)

1. 영재란 재능이 뛰어난 사람으로서 타고난 잠재력을 계발하기 위하여 특별한 교육이 필요한 사람을 말한다.

2. 영재교육이란 영재를 대상으로 각 개인의 능력과 소질에 맞는 내용과 방법으로 실시하는 교육을 말한다.

제5조(영재교육 대상자의 선정) ① 영재교육기관의 장은 다음 각 호의 어느 하나의 사항에 대하여 뛰어나거나 잠재력이 우수한 사람 중 해당 교육기관의 교육 영역 및 목적 등에 적합하다고 인정하는 사람을 영재교육 대상자로 선발한다.

1. 일반 지능
2. 특수 학문 적성
3. 창의적 사고 능력
4. 예술적 재능
5. 신체적 재능
6. 그 밖의 특별한 재능

특히 법 제5조에서 영재교육 대상자를 따로 정의한 것은 누가 '영재'인지 아닌지를 정확히 구별한다기보다는 국가가 제공할 수 있는 교육에 적합한 자를 선정한다는 의미이며, 어떤 교육을 할 것인가에 따라 대상자가 달라질 수 있음을 반영한 결과이다. 따라서 4차 산업혁명시대라는 사회환경의 변화를 반영하여 국가의 영재교육 정책의 목표가 새롭게 설정이 된다면 이에 따라 새로운 영재의 정의와 함께 교육프로그램과 정합성이 강조되는 영재교육 대상자 선정방법이 고민되어야 할 것이다.

⚙️ 학문적 영재성 정의 및 영재의 특성

영재성을 정의하고 영재교육 프로그램에 적절한 학생을 판별하기 위해 많은 학자들이 연구를 수행해왔다. 이 중 미국 및 우리나라 영재교육에 큰 영향력을 끼친 영재학자로 Joseph Renzulli[3]가 있다. 그는 기존의 영재판별에서 지능검사, 성취도 검사 등 인지적 기능을 평가하여 특정 검사지의 커트라인을 넘는 학생만을 영재로 선발하는 문제점을 인지하였고, 이에 대한 대안으로 창의적이고 생산적인 인물의 사회적 기여를 고려하여 그들의 특성에 기초한 새로운 영재의 정의를 정립하였다(Renzulli, 1978). Renzulli의 연구에 의하면 영재 행동은 세 가지 기본적인 속성, 즉 1) **평균 이상의 일반 또는 특수 능력**, 2) **높은 수준의 과제집착력**, 3) **창의성**의 상호작용을 반영하는 것이다. 영재는 이 같은 속성을 지니고 있거나 추후 이와 같은 속성을 계발하여 인류사의 가치 있는 영역에 그 속성을 적용할 수 있는 자를 말한다(Renzulli & Reis, 2003). 이와 같은 정의는 우리나라에 매우 널리 알려진 Renzulli의 세 고리 모형(three-ring conception of giftedness) 정의이다([그림 3-1] 참조).

예를 들어, IQ 130 이상의 학생만을 영재로 선발하여(예, IQ 129 점을 받은 학생은 비영재로 판별) 특별 프로그램을 제공하던 당시의 영재교육 상황을 고려해보면 '평균 이상의 지능(능력)'이라는 조건

---

3) 미국 교육심리학자로, 1936년에 출생하여 National Research Center on the Gifted and Talented의 센터장을 역임하고 미국 코네티컷 주립대학교의 교수로 재직 중인 Renzulli는 1978년 영재성에 관한 논문 'What makes giftedness? Reexamining a definition (Renzulli, 1978)'을 발표하여 영재교육 분야에 파란을 일으켰다.

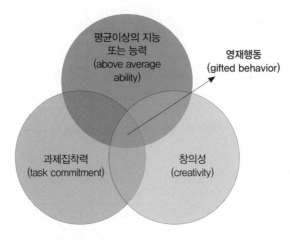

[그림 3-1] Renzulli의 세 고리 모형

은 매우 파격적이다. 특히 이 정의에 따르면 평균이상의 지능(능력)
은 세 가지 조건 중 하나일 뿐이며 특정 분야 또는 특정 과제에 집
중하는 특성인 과제집착력, 그리고 기존의 것을 많이 아는 것이 아
닌 새로운 것을 추구하는 창의성이 상호작용할 때 영재성이 발현
될 수 있다는 것이다. 즉, 인지적 능력 중심으로 영재를 정의해 온 그동
안의 관습에 정의적 특성인 과제집착력을 포함시킨 것은 엄청난 변화라
할 수 있다.

Renzulli는 그의 연구에서 두 가지 종류의 영재성을 언급하였다
(Renzulli, 2016). 첫 번째 영재성은 'schoolhouse giftedness'로 'test-
taking giftedness(시험 영재성)' 또는 'lesson-learning giftedness(학
습 영재성)'라고도 불리는 개념으로, 일반적으로 영재학생을 위한
특별 프로그램에 지능이나 인지능력 관련 테스트에 의해 학생을 선
발할 때 이와 같은 영재성을 지닌 학생들이 대상자로 쉽게 선발된
다. 그러나 지능과 성적 간의 상관관계는 0.4~0.6 정도이며 성공적

인 성취를 약 16~36% 정도만을 설명할 수 있는 변인이므로 이 외의 다양한 변인이 학습 및 영재성 발현에 영향을 미칠 수 있다. 따라서 지능지수, 학업 성취도 점수 등을 영재 프로그램 선발의 절대 기준으로 판단해서는 안 된다.[4]

두 번째 영재성은 'creative productive giftedness'이다. 지능지수나 인지능력을 측정하는 여러 도구가 높은 학업성취를 제한적으로 예측할 수 있는 것처럼, 이와 같은 테스트 결과는 창의적이고 생산적인 영재 또한 제한적으로만 예측할 수 있을 것이다. Renzulli가 제시한 '창의적이고 생산적인 영재성'은 일반적으로 우리가 이해하고 있는 '창의성'과 구분되는 개념이다. 즉, 다양하고, 많고, 독특하고, 색다른 아이디어에 따른 '개인적 차원'에 그치는 창의성이 아니라, 내가 속한 '사회 및 문화'에 긍정적 영향력을 미치는 창의성을 말한다. 물론 앞에 언급한 두 종류의 영재성이 모두 중요하고 서로 상호작용을 하고 있지만, 역사는 시험 점수가 높은 영재를 기억하기 보다는 사회에 긍정적인 영향을 끼치고 우리 생활에 변혁을 이끈 창의적인 영재를 기억한다는 사실을 생각한다면, 전통적인 학교 문화에서 교사에게 추천받기 어려운 '창의적'인 영재학생을 어떻게 놓치지 않고 발굴할 수 있을 것인가에 대한 고민이 필요하다.

지금까지 Renzulli의 영재성 개념에 대해 정리해 보았다. 이 외에도 많은 영재교육 학자들이 영재성 및 영재의 특성에 대한 연구를 수행하였다. 대표적으로, Gardner(1983)는 지능을 '언어지능'

---

4) 우리나라에서는 영재학급 및 영재교육원 프로그램 선발에 다양한 준거를 활용하고 있기는 하지만 선발의 공정성 및 민원 대응 부담으로 여전히 학교성적 또는 지필고사 결과를 영재 선발에 있어 가장 핵심적인 자료로 여기는 것도 사실이다.

'음악지능' '논리−수학적 지능' '공간지능' '신체운동지능' '개인 내
적지능' '개인 간 지능' '자연지능' 등의 8가지 지능으로 정의하였고,
하나 또는 여러 개의 지능 영역에서 영재성을 나타낼 수 있다고 하
였다. Gardner가 제시한 8가지 각 지능은 동시에 수행해도 서로 방
해하지 않으며 상관이 낮아 기능 간 서로 관련이 낮거나 거의 없는
것으로 이해할 수 있다.

그 외에도 영재성 및 영재특성에 대한 다양한 연구결과가 있다.

〈표 3-1〉 영재 특성

인지적 특성	정의적 특성
지능	높은 흥미
논리적 사고	과제집착력
비판적 사고	집중력
유연한 사고	높은 동기수준
추상적 사고	리더십
복합적 사고	권위에 대한 도전
통찰력	기대에 대한 민감성
메타인지	완벽주의 성향
창의적 문제해결력	활동성(열정)
호기심	비순응성
관찰력, 탐구능력	강한 자아인식
비범한 기억력	정의감
뛰어난 상상력	과흥분성
날카로운 유머	
민첩성	
급속한 언어발달 및 언어능력	
의사소통능력	
높은 성취도	
사회문제 자각	

높은 지능, 논리적 사고, 비판적 사고, 메타인지, 창의적 문제해결력, 언어능력, 의사소통 능력, 날카로운 관찰력, 끊임없는 질문, 유창한 언어사용, 뛰어난 독서 능력, 독창적인 생각, 높은 지적호기심, 과제집착력, 탁월한 창의성, 완벽주의, 높은 자아개념, 독립성, 도덕성, 동기, 리더십, 성취지향성, 풍부한 지식, 학습능력 등이 영재의 주요 특성으로 보고되었다. 다양한 문헌을 종합한 영재의 특성은 〈표 3-1〉에 제시되어 있다.

요약해 보면, 영재의 정의는 시대와 환경에 따라 다양하며 특성 또한 다양하게 나타나지만 학자들에 의해 공통적으로 발견되는 특징도 있다. 예를 들어, 평균 이상의 지능 또는 높은 지능과 고차적 사고력(논리적 사고, 비판적 사고, 추상적 사고, 복합적 사고, 메타인지 등), 창의성, 문제해결력, 탐구능력 및 관찰력 등이 있으며, 이와 같은 인지적 특성뿐만 아니라 높은 호기심, 흥미, 동기 수준, 과제집착력, 사회문제에 따른 정의감 등의 정의적 특성도 이에 해당된다. 과거와 같이 인지적 능력 중심으로 영재의 특성을 판단하고자 할 경우 학업우수자와 영재를 구분하기 어렵다는 문제가 발생하게 된다. 사회적으로 더 의미있는 '창의적이고 생산적인' 영재를 발굴하기 위해서는 정의적 특성과 창의성을 고려하여 종합적으로 판단하려는 노력이 필요하다.

⚙ 4차 산업혁명시대에 '과학영재'의 정의

'4차 산업혁명시대에 누가 과학영재인가'라는 질문에 답하기 위해서는 먼저 4차 산업혁명시대가 어떠한 시대인지에 대한 고찰이 필요하다. 여러 학자들에 의하면 4차 산업혁명시대는 "과학기술과 다양한 분야와의 융합"을 특징으로 하여 창의성에 기반한 기초과학, 인문학, 공학, 예술, 사회학 분야의 융합이 이루어지는 시대이며, 대표적으로 인공지능, 사물인터넷(IoT), 3D프린팅, 나노기술, 바이오기술, 에너지저장기술, 퀀텀 컴퓨팅 등의 물리, 디지털, 바이오세계가 융합되는 Cyber–Physical System(CPS) 기술이 기반이 되는 시대라 이해할 수 있다.

이 시대에는 특히 이전까지 밝혀진 지식보다 새로운 변화를 만드는 창의성이 강조되며, "왜(why)"라고 질문할 수 있는 능력, 즉 문제를 발견하고 이를 해결해갈 수 있는 능력이 필요하다. 또한 복합적인 문제를 해결하기 위해서 다양한 분야의 융합이 이루어지고, 협업을 통해 함께 문제를 해결해갈 수 있는 능력이 요구된다. 즉, 창의적, 고차원적 사고, 문제해결 능력 등의 인지적 역량과 함께 타 분야와 효율적으로 협업하고 효과적으로 커뮤니케이션하여 집단 창의성을 창출할 수 있는 정의적 역량 또한 필요한 시대라 이해할 수 있다. 미래사회에는 한 분야의 전문적인 지식으로는 해결할 수 없는 융합적이고 복합적인 문제들이 발생하고, 따라서 다양한 학문 분야를 넘나드는 창의적이고 융합적인 사고력과 실천력을 지닌 통섭적인 인재가 해결책이 될 것이다. 이러한 맥락에서 과학영재를 "과학기술에 대한 지식을 바탕으로 창의성, 도전정신과 융합 역량을 갖추고 소통하고 협력할 수 있는 인재"로 정의하고자 한다.

02
우리나라 과학영재선발 현황 및 실태

우리나라에서는 2000년 「영재교육 진흥법」 제정 이후, 2002년 3월부터 전국 초·중등학생을 대상으로 영재교육을 실시하고 있다. 약 15년이 지난 2017년 현재 전체 학생 수의 1.91%인 109,266명이 영재학급과 영재교육원에서 교육을 받고 있어 양적으로 큰 성장을 이루었다(GED, 2017). 그동안 영재교육 대상자를 결정하는 영재 선발 방식에 있어서도 많은 변화가 이루어졌다. 영재교육 시행초기, 각 기관별 지필고사가 큰 비중을 차지하던 선발방식에서 탈피하여 2010년 이후 현재까지 교사관찰추천제를 근간으로 학생을 선발하고 있다. 교사관찰추천제는 교사가 장기간 학생을 관찰하여 학생의 강점, 재능을 토대로 학생을 추천하는 방식이다. 한번의 시험으로 당락이 결정되는 입시의 부작용을 개선하고, 학생을 장기간 관찰하여 신뢰성 있는 데이터를 기반으로 학생을 선발하고자 이와 같은 제도가 운영되고 있다. 이를 위해 제3차 영재교육진흥종합계획에서는 체크리스트, 수행관찰 도구 등을 개발하여 교사관찰추천제에 활용할 것을 계획하였고 이를 통해 선발의 신뢰성을 확보하고자 하였다.

영재교육 대상자 선발에 있어 교사관찰추천제의 타당성을 분석하기 위한 목적으로 여러 연구가 수행되었다. 교사관찰추천제가 영재교육 목적에 맞게 학생을 선발하고 있고 객관성을 확보하고 있다는 결과가 다수 제시되었으나(김성연, 한기순, 2013; 윤초희, 2014; 전우천, 2014; 2016), 동시에 교사관찰추천제로 선발된 학생들의 수행결과와 입학 성적 간의 상관이 높지 않다는 결과, 영재선발에 활용되는 자료의 경우, 신뢰도가 낮다는 결과도 보고되었다(김종준, 류성림, 2013; 유미현, 강윤희, 예홍진, 2011; 정정인, 박종욱, 2011; 최은주, 유미현, 2013; 한기순, 양태연, 박인호, 2014). 구체적으로 보면, 최은주와 유미현의 연구(2013)에서는 교사관찰추천제에서 활용된 교사추천서, 자기소개서, 영재교육원 수행의 일부에서는 유의미한 상관관계가 존재했으나 입학 시 평가결과와 교육 후 평가결과 간에는 유의미한 상관이 없다는 결과가 제시되었다. 또한 김종준, 류성림(2013)은 교사관찰추천서를 분석한 결과, 추천서 작성 시 구체적인 사례에 기반한 영재 행동특성 기술이 아닌 피상적인 진술에 그치며, 추천학생의 다양한 특성을 기술하기보다 관찰 또는 서술이 용이한 특정 특성을 중심으로 추천서를 작성하고 있음을 확인하였다. 정정인, 박종욱(2011)의 연구에서도 추천서 자료의 객관성을 분석하고자 하였는데 담임교사가 주로 작성하는 영재행동 체크리스트가 매우 형식적이어서 학생의 영재성을 파악하기 어렵다는 점, 거의 모든 항목에 4점을 부여하여 차별성을 지니지 못하며, 결과적으로 평가의 신뢰도를 높여 줄 수 있는 객관성이 결여된다는 점을 지적하였다. 이와 같은 여러 연구자의 문제 제기와 함께 보다 타당하고 신뢰할 수 있는 선발을 위해 현행 관찰추천제를 보완할 방안의 필요성이 요구되었다.

"2016년 대학부설 과학영재교육원장을 대상으로 한 연구(KAIST 과학영재교육연구원, 2016)에서는 대학부설 과학영재교육원이 활용하는 전형자료 또는 방법, 그리고 이를 통해 어떠한 영재성 요소를 평가하는지 조사하였다(〈표 3-2〉 참조). 먼저, 학교생활기록부

〈표 3-2〉 대학부설 과학영재교육원 활용 전형자료 및 평가 요소(KAIST 과학영재교육연구원, 2016, p. 81)

평가요소 전형자료/방법	기관 수	지식	논리/분석적 사고	비판적 사고	문제해결 능력	창의성	자기주도성/열정	의사소통 능력	탐구 능력	인성/리더십	작성/동기
학교생활기록부	18	8	1	0	2	3	10	6	10	13	6
		44%	6%	0%	11%	17%	56%	33%	56%	72%	33%
추천서 및 체크리스트	19	6	8	6	9	12	12	6	11	11	5
		32%	42%	32%	47%	63%	63%	32%	58%	58%	26%
자기소개서 및 학업계획서	19	2	7	2	6	12	13	7	4	7	14
		11%	37%	11%	32%	63%	68%	37%	21%	37%	74%
학생산출물(성과자료)	9	3	4	2	5	8	3	2	7	2	2
		33%	44%	22%	56%	89%	33%	22%	78%	22%	22%
영재성 검사	10	5	8	4	9	8	0	3	7	0	3
		50%	80%	40%	90%	80%	0%	30%	70%	0%	30%
수행관찰(캠프, 수업관찰 등)	8	2	5	2	5	6	6	6	7	3	1
		25%	63%	25%	63%	75%	75%	75%	88%	38%	13%
심층면접	20	6	15	11	14	13	5	14	11	9	9
		30%	75%	55%	70%	65%	25%	70%	55%	45%	45%
합계		33	50	28	51	64	49	44	57	45	41

의 경우 응답한 20개 영재교육원 중 18개 기관에서 전형자료로 활용하는 것으로 나타났다. 학교생활기록부를 통해 평가하는 요소는 인성/리더십(13개 기관, 72%), 탐구능력(10개 기관, 56%), 자기주도성 및 열정(10개 기관, 56%) 등의 순서로 나타났다. 다음으로 추천서 및 체크리스트를 전형자료로 활용하는 기관은 20개 중 19개 기관이었고, 이 자료를 통해 창의성(12개 기관, 63%), 자기주도성 및 열정(12개 기관, 63%) 등을 평가한다고 응답하였다. 자기소개서 및 학업계획서는 19개 기관에서 전형자료로 활용하고 있었으며, 학생의 적성 및 동기(14개 기관, 74%), 자기주도성 및 열정(13개 기관, 68%) 등을 주로 평가하는 것으로 나타났다. 한편, 학생산출물 자료는 9개 기관에서 입학 전형자료로 활용하고 있어 상대적으로 위의 세 가지 전형자료에 비해 적은 기관에서 활용하고 있음을 알 수 있었다. 학생의 산출물을 통해서는 주로 창의성(8개 기관, 89%)과 탐구 능력(7개 기관, 78%)을 평가한다고 응답하였다. 요약하면, 학생이 서류평가를 위해 제출하는 전형자료를 통해 학생의 인성이나 리더십, 창의성, 자기주도성과 열정 등을 주로 평가하는 것으로 나타났다.

기관에서 직접 시행하는 전형방법으로는 영재성 검사, 수행관찰, 심층면접 등이 있다. 영재성 검사는 10개 기관에서 이루어지고 있었으며 이 결과를 통해 학생의 문제해결능력(9개 기관, 90%), 논리·분석적 사고(8개 기관, 80%), 창의성(8개 기관, 80%) 등을 평가한다고 응답하였다. 다음으로 학생 선발을 위해 수행관찰을 실시한다고 응답한 기관은 8개였다. 이 전형방법을 통해 탐구능력(7개 기관, 88%), 창의성(6개 기관, 75%), 자기주도성 및 열정(6개 기관, 75%), 의사소통능력(6개 기관, 75%) 등을 평가하며, 마지막으로

20개 기관 전체에서 시행하는 심층면접은 학생의 논리 · 분석적 사고(15개 기관, 75%), 문제해결능력(14개 기관, 70%), 의사소통능력(14개 기관, 70%) 등을 평가하기 위해 시행되고 있었다.

　분석결과를 종합해 보면, 학교생활기록부는 학교에서 학생을 장기간 관찰한 결과를 기술한 자료이지만 학생의 수 · 과학적 영재성보다는 인성, 리더십을 판단하는 데 활용하는 비율이 가장 높은 것으로 나타났다(72%). 반면, 영재성, 즉 논리 · 분석적 사고, 문제해결능력, 창의성, 자기주도성, 의사소통능력, 탐구능력 등을 평가하기 위해 학교생활기록부, 추천서에 비해 학생산출물(성과자료), 영재성검사, 수행관찰, 심층면접 등을 활용하는 것으로 나타났다. 즉, 교육과 직접적으로 관련된 영재성 요소를 평가하는 데 있어서 학교에서 작성된 자료보다는 영재교육원 자체에서 관찰, 판단하고자 하는 경향을 보였다."[5]

　대학부설 과학영재교육원장과의 인터뷰 결과(KAIST 과학영재교육연구원, 2016), 현재 선발과정에서 활용하고 있는 교사 추천서가 형식적인 경우가 많기 때문에 이를 보완할 수 있는 방법에 대해 고민하고 있는 것으로 나타났다. 이에 몇몇 영재교육원에서는 학생들을 3~4일 이상 캠프 형태로 모집하여 해당 영재교육원에서 직접 관찰하는 형태로 선발을 진행하기도 한다. 하지만 일부 영재교육원에서는 오프라인 교육 후 선발의 타당성에 대해 공감하면서도

---

5) KAIST 과학영재교육연구원, 2016, pp. 81-82. 연구보고서에서 일부 내용을 발췌한 것임.

현재 예산으로는 추가 사업을 진행할 여력이 없기 때문에 필요성에도 불구하고 장기 관찰을 실시하지 못하는 것으로 나타났다.

03

과학영재 발굴 혁신 방안: 교육 후 선발 제도 및 역량 중심 평가

잘못된 질문에 정확한 답을 찾는 것보다
올바른 질문에 부정확한 답을 하는 것이 낫다.

―Donald Campbell―

⚙ 교육을 통한 영재발굴

자, 다시 처음 질문으로 돌아가 '누가 영재인가?'를 판단하기 위한 과정으로 돌아가 보자. 지금까지 많은 연구자들이 정확한 영재의 판별을 위해 영재의 개념을 정교화하고 타당성을 높이는 검사 도구를 개발하기 위해 노력해왔다. 그러나 절대적인 영재의 정의가 있을 수 없으며, 명확히 합의된 영재의 정의가 없다는 점은 정확한 영재의 판별이 불가능함을 의미한다. 더군다나 영재의 중요한 특성으로 인지적 특성뿐만 아니라 정의적 특성이 포함되면서 단기간의 평가를 통해 영재를 구별하는 것을 더욱 어렵게 만들고 있다. 이를 보완하기 위해 많은 영재학자들은 다단계 판별방법을 제안해왔다. 즉, 선발과정에 여러 단계를 두어 처음에는 대상을 폭넓게 포함시키고 점진적으로 줄여나가는 방안이다. 그러나 결국 마지막 단계는 인지적 능력 중심으로 영재를 판별하는 문제를 해결하지 못했다. Jack Birch(1984)와 같은 학자는 이와 같은 다단계 판별의 과정을 보고 '왜 복잡한 중간 단계가 필요한가?'라고 비판하기도 했다.

인지능력 중심으로 영재대상자를 선발하는 문제점을 해결하기 위해 2010년부터 우리나라에 도입된 관찰추천제가 제대로 정착되지 못하는 이유는 무엇일까? 장기간 학생의 특성을 관찰하고 그 결과를 반영한다는 점은 바람직하지만 학생을 관찰하는 상황이 일반적인 교육상황이어서 영재의 특성이 잘 나타나지 않을 수 있다는 점을 간과했기 때문이다. 여전히 학업 우수자가 추천되기 쉬운 상황이라는 점, 더군다나 교사의 입장에서는 모범적인 학생들을 추천하기 쉬운 상황이다. 영재의 특성은 창의적, 도전적이며, 열정이 나타날 수 있는 상황 속에서 오랫동안 관찰해야 하는 것이지만 일반 학교 현장에서 장기간, 집중적으로 관찰하는 데 현실적인 어려움이 따른다.

더욱 문제인 것은 정확하게 영재를 판별하는 데 집중하며, 보다 근본적인 문제인 '왜 영재를 판별하는가?'를 간과해왔다는 것이다. 우리가 영재를 구별하는 이유는 특성이 다른 영재들에게 본인의 특성에 맞는 교육을 제공하기 위한 것이다. 따라서 '누가 영재인가?'라는 잘못된 질문에 정확한 답을 찾기 위해 노력하기 보다는 더 중요하고 올바른 질문인 '누가 다른 교육을 필요로 하며, 우리가 제공하는 특성화된 교육에 적절한 학생인가?'에 대한 답을 찾는 것이 바람직할 것이다. 즉, 교육과 대상자 선발의 문제를 분리해서 접근하기 보다 함께 고민해야 한다. 아무리 정교하게 영재 여부를 판단한다고 해도 그에 적절한 교육이 제공되지 못한다면 영재교육의 의미는 사라진다.

교육과 영재판별을 통합하는 모델로 가장 잘 알려져 있는 것이 Renzulli의 영재판별 회전문 모형(Revolving Door Indentification and Programming Model: RDIM)이다(Renzulli & Owen, 1983). Renzulli가 제안한 세 고리 영재성과 영재교육과정 모형인 삼부 심화 학습모형과 연계하여 교육의 과정을 통해 자연스럽게 학생을 적절한 프로그램에 정치시키는 것을 특징으로 하고 있다. 이 모형의 특징은 처음에 대상자를 선정하기 위해 보수적으로 소수의 학생으로 제한하기보다, 대상자를 학업성취도 기준으로 상위 15~20% 정도로 넓게 포함시키며, 추천서나 본인의 의지 등을 통해 더욱 많은 학생을 영재교육 프로그램에 참여시킨다는 것이다. 이후 단계별 교육프로그램에서 학생의 교육 참여과정과 성과에 대한 주의 깊은 관찰을 통해 더 도전적인 교육프로그램에 참여시킬지 여부를 결정하게 된다. 이와 같은 접근은 잠재적 영재를 포함한 많은 학생들에게 영재

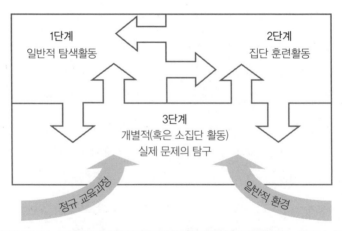

[그림 3-2] Renzulli의 영재판별과 교육프로그램을 통합한 회전문 모형(Renzulli et al., 1981)

성을 발현할 기회를 제공하기 때문에 자원투자 관점에서 효율적이며, 학생들은 오랜 기간 교육에 참여하면서 본인의 적성과 역량을 판단할 수 있다는 장점이 있다.

현재 대부분의 우리나라 영재교육기관들은 대상자를 선발하기 전 교육프로그램을 구성하거나 제시하지 않고 있으며, 학생을 선발하여 교육을 실시한 수행 결과를 다음해 교육에 연계시키지 않고 있다. 일부 학생이나 교사, 부모들은 영재를 선발하는 과정에만 신경을 쓰고 정작 선발 후 교육에 대해서는 크게 관심을 두지 않는다는 문제점을 보이기도 한다. 따라서 교육의 몰입도를 높이고 영재선발의 신뢰도를 높이기 위한 방편으로 영재교육 대상자를 넓히고 교육성과를 활용하여 적절한 교육프로그램에 정치시키는 방안을 도입해야 한다.

영재교육 프로그램을 세심하고 정교하게 설정하는 것이 영재판별의 전체 방향을 설정한다는 Feldhusen 외(1984)의 주장처럼 영재교육 대상자의 선발방식에 근본적인 혁신이 필요하다.

⚙ 교육 후 선발 모델 : KAIST 사이버영재교육원 사례

일반적으로 영재교육 기관에서는 학생을 먼저 선발한 후 교육하는 '선발 후 교육'이 이루어지고 있다. 이러한 선발 및 운영 모형에서는 교육 전에 학생을 선발하기 때문에 교육대상자를 확정하고 이들을 위한 교육을 운영하는 데 안정성을 가진다는 장점이 있다. 그러나 다양한 사교육에 의존하고 누군가에 의해 '만들어진 영재'를 선발할 수 있다는 우려가 동시에 존재하기도 한다.

교사관찰추천에 의한 선발 방식이 지닌 장점에도 불구하고 이를 보완할 수 있는 대책이 요구되는 상황에서 KAIST 사이버영재교육원은 학생 선발에 있어 새로운 방식을 시도하였다. 일반적으로 이루어지는 '선발 후 교육' 모형이 아닌, '교육 후 선발' 모형을 구성하여 2015년부터 사이버영재교육원 교육에 적용하고 있다. 2017년 기준 총 8개의 시도교육청에서 KAIST에 위탁하여 교육청 사이버영재교육원을 운영했으며, 시도별로 약간의 차이가 있으나 1년간 약 1,000명의 초등학교 5학년~중학교 2학년 학생이 본 교육에 참여했다. 교육 후 선발 모형은 [그림 3-3]과 같다.

교육청 위탁 KAIST 사이버영재교육원에 입학하기 원하는 학생은 4월에 본 프로그램에 지원하고 지원자 전원이 1학기 교육에 참여한다. 2016년까지는 서류전형을 통해 2학기 교육대상자(최종 교육대상자)의 2배수 내외 학생을 1학기 교육대상자로 선발하였으나,

지원	• 지원서 제출
1학기 교육	• 대상: 지원자 전원
2차 선발(최종 선발)	• 1학기 온라인교육 수행 결과 평가 　:과제 및 학습활동 • 선정심사위원회 추천 및 선발
2학기 교육	• 대상: 2차 선발(최종 선발) 합격자 　(학급 당 20명 이내)
수료	• 선정심사위원회 수료기준 통과자

[그림 3-3] KAIST 사이버영재교육원의 교육을 통한 영재판별 모형

해당 분야에 흥미와 재능, 열정이 있는 보다 많은 학생에게 기회를 제공하기 위하여 2017학년도부터는 서류전형 평가를 실시하지 않고 참가를 희망하는 모든 학생에게 기회를 제공하고 있다.

1학기 교육은 6주 동안 이루어졌고, 학생들은 3개 차시의 주제를 학습했다. 학생들은 각 차시에 해당되는 과제 및 학습활동에 참여하였고, 이들의 1학기 수행 결과를 바탕으로 최종선발이 이루어졌다. 선발된 학생은 2학기 교육에 참여하였고, 일정 수준의 수행 기준에 도달한 학생은 최종 수료자로 선정되었다.

이와 같이 학생의 자기소개서, 교사추천서, 학교생활기록부 등의 서류를 일체 평가하지 않고 학생이 실제 수행한 결과를 기반으로 정원의 100%를 선발한 것은 매우 혁신적인 시도라 할 수 있다. 이러한 시도가 성공적인지 알아보기 위해서는 선발된 학생이 지속적으로 좋은 수행을 보이는지 분석해보는 것이 필요하다. 따라서 본 교육원에서는 교육 후 선발 방식으로 선발한 학생의 수행 결과가 최종 수료까지의 수행과 상관관계를 지니는지 알아보기 위한 연구를 수행하였다(채유정, 이성혜, 2017). 그 결과, 서류평가와 1학기 수행결과, 서류 평가와 2학기 수행결과 간의 상관은 나타나지 않았으나 1학기 수행결과(선발 결과)와 2학기 수행결과는 통계적으로 유의미한 상관이 나타나 서류평가보다 학생의 수행에 기반한 선발이 더 적절함을 알 수 있었다.

관찰추천제와 교육 후 선발에 대한 이해도, 공평성, 적절성, 만족도, 지속가능성, 신뢰성 등에 대한 학생 인식을 비교하기 위한 연구 결과, 이해도에 있어서는 두 방식 모두 5점 만점에 4점 이상의 점수를 보여 학생들이 각 방식을 모두 잘 이해하고 있는 것으로 나타났고, 이해도를 제외한 다른 변인들, 즉 공평성, 적절성, 만족도, 지속가능성, 신뢰성 등에 있어 교육 후 선발 방식을 더 긍정적으로 인식하고 있는 것으로 나타났다(채유정, 이성혜, 2017). 교육 후 선발 방식의 장점에 대한 학생 인터뷰에서는 기존 선발방식(관찰추천제)은 주로 학생의 성적을 반영하여 학생의 현재 동기 수준이나 학습참여 의지 등을 반영하는 데 어려움이 있으나, 교육 후 선발 방식은 학생이 실제 참여한 결과에 따라 선발이 이루어지므로 열심히 노력하는 숨어있는 영재를 찾아낼 수 있는 장점이 있다고 응답하였다. 또한, 1학기 교육에 정원보다 많은 학생이 참여할 수 있는 기회를 부여받아 교육에 참여할 수 있다는 점이 유익하며, 6주간의 교육 내용을 기반으로 같은 선에서 출발하고 그 결과에 따라 학생을 선발하는 방식에서 공정성을 느낀다고 답하였다(채유정, 이성혜, 2017).

물론 사이버영재교육의 특성상 신뢰성에 관한 제한점이 있을 수 있다는 점은 여전히 고민해야 할 부분이다. 인터뷰에 참여한 학생들은 학생이 본인 힘으로 과제를 수행했는지, 또는 타인의 도움을 받아 과제를 작성하였는지 확인이 어려우므로 온라인 교육 내용을 바탕으로 확장된 내용의 창의적 문제해결력 평가를 추가적으로 실시하는 것이 신뢰성을 높일 수 있는 방안일 수 있다. 사이버교육이 시간과 장소의 제한 없이 많은 사람에게 교육 기회를 제공할 수 있는 장점이 있는 만큼 사이버교육이 지닌 한계점을 보완할 수 있는 방안을 고안하여 교육에 의한 선발 방안이 지닌 장점을 극대화해야 할 것이다.

4차 산업혁명에 대비한
과학영재 교육프로그램 혁신전략

　다보스포럼 회장 Klaus Schwab은 4차 산업혁명에 대해 "변화의 규모, 범위, 복잡성으로 미루어볼 때 과거 인류가 겪었던 그 어떤 변화보다도 거대한 변화가 될 것"이라고 말했다. 4차 산업혁명은 첨단기술들이 주도하는 변화지만 기술, 산업, 직업 변화에서 끝나지는 않을 것이다. 사회의 변화는 물론이고 사람들의 소통방식, 가치관 등 문화적인 변화까지 포함한 거대한 변화가 될 것이며, 특히, 새로운 사회는 새로운 인재를 필요로 하고 그러자면 새로운 교육이 필요하기 때문에 엄청난 변화가 예견되는 영역은 바로 교육 분야가 될 가능성이 크다.

　최근 해외 주요국들은 과학기술이 경제성장 및 사회발전에 미치는 영향력이 점증하는 미래사회 변화 방향 및 해당 국가의 사회적·교육적 현실 진단을 토대로 과학기술 인재상 및 교육을 통해 함양해야 할 핵심역량을 중심으로 교육혁신을 꾀하고 있다. 교육 경쟁력이 곧 국가 경쟁력의 원천이 된다는 점에서 현재 및 미래사회에 요구되는 학습자의 핵심역량을 찾아내고, 이를 교육을 통해 구현하려는 정책을 추진해오고 있다.

그동안 우리나라의 영재교육은 영재교육 대상자의 선발에 가장 신경을 쓰느라 정작 중요한 교육은 소홀히 다루어 온 것이 사실이다. 영재교육에서 '누가 영재인가'를 판별하는 것은 매우 중요한 일이나 앞에서 살펴본 것처럼 영재의 본질에 비추어 아무리 노력을 해도 영재를 정확하게 판별하는 것은 매우 어려울 뿐만 아니라 판별 자체만으로는 교육적으로 큰 의미가 없다. 즉, 영재를 판별하는 것에서 그치고 적절한 교육적 처치를 제공하지 못한다면 영재 교육은 없는 것이나 마찬가지이고 심지어 영재들의 심리적 불안감만 더 가중시키는 부작용이 발생하게 된다. 다행히 많은 전문가의 지적에 따라 정부의 영재교육 정책도 '영재 선발에서 교육프로그램 중심으로' 중요도를 전환한다고 하니 늦었지만 바람직한 변화라고 할 수 있다.

국가가 정책적으로 과학영재교육을 실시하는 주된 목적은 과학 영재들의 뛰어난 능력을 바탕으로 장래 과학기술분야에서 뛰어난 업적을 이루거나 과학기술의 영향력이 점증하는 미래사회를 견인할 수 있는 인재를 육성하는 것이다. 미래사회를 견인할 인재로서 과학영재를 육성하기 위해서는 먼저 과학과 기술의 영향력이 점증하는 미래사회를 예측하고, 이를 토대로 창의·융합형 인재 육성에 적합한 교육프로그램을 제공할 필요가 있다. 누구라도 갖추어야 할 핵심역량에 추가하여 미래사회를 살아가기 위해 과학영재들이 갖추어야 할 핵심역량은, 그 구성요소는 물론 전문성이나 수준 측면에서도 차별화되어야 할 것이다. 즉, 과학영재들의 특성을 고려하여 어떤 교육이 적절한지에 대한 고민이 필요하고 미래사회에 대비하기 위해 '무엇을 어떻게 교육할 것인가'에 더 많은 노력을 기울여야 하며, 그들의 잠재력이 최대한 발현될 수 있도록 주의 깊게 계획하고 실천해야 한다.

01

해외 주요국의 미래 과학기술 분야 교육 동향

최근 해외 주요국들은 4차 산업혁명 등 급변하는 사회 변화에 대응하기 위해 교육혁신을 꾀하고 있다. 이런 측면에서 해외 주요 선진국에서는 과학기술인재 육성을 위해 정규교육과정 내에서 STEM 교육을 강화하고 있으며, 로봇·AI 등 미래 유망기술에 대한 다양한 교육프로그램을 비정규 프로그램으로 도입하고 있을 뿐만 아니라 기업가 정신교육을 통해 혁신적인 생산자로서의 역할을 강조하고 있다.

⚙ STEAM 교육 강화

미국의 경우 STEM 교육을 기술혁신과 글로벌 경쟁력 향상에 있어 중요한 요소로 두고 초·중·고등학교 정규교육과정 내 STEM 교육을 강화하고 다양한 STEM 관련 풀아웃(pull-out) 프로그램 지원을 강화하는 추세이다. 오바마 정부는 2022년까지 STEM 분야를 전공으로 선택하는 학생을 100만 명 더 늘리기로 계획하고 STEM 에 대한 투자 확대를 추진한 바 있으며, 이를 위해 과학·공학을 포함한 초·중등(K-12) 교과과정 혁신, STEM 교사 양성, 지역학습센터 지원, STEM 중점학교 육성 등 공학설계를 기반의 다양한 문제해결 중심의 체험·협동 학습 프로그램을 제공하고 있다.

영국의 경우 기업혁신기술부(BIS)와 문화교육협회(CLA)의 주장에 의해 2014년부터 STEM교육에 예술(Arts)분야를 추가한 STEAM 교육으로 전환되어 정부 각 부처에서 활성화를 장려하고 있다. 영국은 그동안의 STEM 교육 확대에도 불구하고 해당 졸업생들이 관련 산업분야에 취업을 꺼리는 문제가 여전히 해결되고 있지 않았으며, 2011년 「STEM Graduates in Non STEM Jobs」 보고서에서 STEM 분야의 직업적 흥미를 위해 예술(Arts)이 고려되어야 한다는 주장이 제기됨에 따라 STEAM 교육[1]이 확산되고 있는 추세이다.

핀란드의 경우 창의적 과학기술인재육성을 위해 교육과정을 개편하고, 과학기술분야의 대학 및 연구소와 학교 과학교육의 연계를 강조하고 있다. 핀란드 정부는 과학교육 전반에 대해 평가, 미래 이슈 발굴, 과학교육 촉진 방안 등을 도출하고 '2020년 과학교육 분야에서 세계를 선도하는 핀란드'를 차세대 과학교육 정책목표로 설정하고 있다.

---

1) 국가별로 융합교육 혹은 융합인재교육으로 불리고 있으며 그 범위와 외연에 있어서는 미국이나 영국 등의 STEM(Science, Technology, Engineering, Mathematics)에서부터 우리나라의 STEAM(Science, Technology, Engineering, Art, Mathematics)에 이르기까지 다소 차이가 있다.

이스라엘의 경우 2007년 'Ofek Pedagogi' 교육개혁정책으로 과학과 기술교육 프로그램이 더욱 강화되었으며, 과학기술의 실험 및 탐구학습을 강조한 다양한 과학기술 기반의 교육프로그램이 도입되고 있는 추세이다. 이스라엘의 STEM의 중요성에 대한 논의는 이전부터 이루어졌는데, 1992년 '과학·수학·기술교육위원회'에서 작성된 Harrari 보고서(Tomorrow 98)에 따르면, 이스라엘의 가장 중요한 지적 자산이 과학과 기술이며, 미래사회에서는 수학과 과학기술이 보편적인 교육의 한 분과가 될 것이라고 강조된 이후 초·중·고교교육에서 과학기술이 강조되어 왔다.

일본의 경우 미래 글로벌 과학기술인재 양성을 위해 상상력과 창의력 증진을 위한 다양한 과학기술분야 교육프로그램을 도입하고, 핵심 과학기술인재 양성을 위해 과학교육에 중점을 두는 고등학교를 '슈퍼 사이언스 하이스쿨(SSH)'로 지정하고 있다. 지정을 받은 학교는 독자적인 커리큘럼으로 수업을 진행하고, 대학·연구기관과 제휴, 지역의 특색을 살린 연구 과제를 수행하게 된다. SSH의 특성은 학습지도 요령에 의하지 않고 독자적인 교육과정을 개발하고 실행하는 데 있다. 즉, 학생에게 관찰, 실험 등을 통한 체험적, 문제해결적인 학습을 제공하고, 창의성이 풍부한 과학기술인재 육성이 가능한 지도방법을 지속적으로 연구 개발하여 수업에 반영하도록 한다. 학생들을 이러한 수업에서 습득된 노하우를 축적시켜 학생주도적인 연구 과제를 추진하고, 이를 통해 얻어진 결과를 가지고 과학 경시대회와 국제 콘테스트 등에 적극적으로 참가하고 있다. 더불어 SSH는 대학을 중심으로 하는 글로벌 과학캠퍼스와도 연계하여 고등학교 수학과 과학교육 전체의 수준 향상을 도모하고 있다.

⚙ 첨단과학기술 분야 교육

해외 주요 선진국들은 창의·융합적 사고 및 문제해결력 증진을 위해 대학·연구기관과 학교 과학교육과 연계를 강화하는 한편, 기존의 수학·과학 중심의 교육에서 첨단과학을 주제로 한 다양한 교육프로그램을 제공하고 있다.

미국의 STEM 기반의 멘토링 프로그램인 FIRST(For Inspiration and Recognition of Science and Technology)는 특정 직업의 경험이나 전문 지식을 갖춘 성인들이 팀 개념으로 아이들에게 멘토링을 하는 프로그램이다. FIRST는 어린이들에게 소프트웨어 관련 분야에 관한 통찰(insight)을 심어주는 우리나라의 자유학기제 프로그램과 유사하며, 첨단기술과 연관이 깊은 미국 국방부와 NASA 등의 참여로 공학 관련한 수백 개의 멘토링 팀들이 구축되어 운영되고 있다.

최근 혁신기술의 영향으로 가상현실 및 증강현실 기반의 교육프로그램 및 로봇과 인공지능을 소재로 한 다양한 프로그램이 운영되고 있다. EdSim Challenge는 미국 교육부가 추진하는 가상현실 및 증강현실 기반의 직업과 기술 능력을 혁신적으로 향상시킬 차세대 시뮬레이션 경진대회로 가상현실과 증강현실, 게임, 에듀테크 등의 기술을 이용해 학생들이 어디에서나 미래를 준비할 수 있는 교육 사례를 발굴하기 위한 목적으로 추진되고 있다.

National Robotics Challenge는 로봇 관련 프로그램으로 초·중·고등학생 및 대학생들을 대상으로 운영되는 로봇대회이다.

주어진 문제에 적합한 재료와 장비를 직접 선택하여 로봇을 제작하고 문제를 해결하는 과정이 운영되고 있으며, RoboCup에서는 2050년까지 인간 축구 월드컵 챔피언을 상대로 승리할 수 있는 로봇팀 구성을 목표로 로봇과 AI 분야의 활성화를 위한 대회가 운영되고 있다. 또한 다양한 컴퓨팅이론, AI, 알고리즘 및 아키텍처를 구현하여 로봇축구대회가 열리고 있으며, 주니어 로보컵 리그를 통해 초 · 중 · 고등학생의 참여도 활발한 추세이다. Battle Bots IQ 는 National Tooling and Machining Association(NTMA)에서 운영하는 로봇 프로젝트로 중, 고, 대학생들에게 원격제어로봇을 제작하기 위한 교육프로그램을 제공하고 이를 통해 로봇을 제작하는 프로젝트를 수행하여 개발된 로봇으로 토너먼트를 개최하는 프로그램을 제공하고 있다. 또한 국가교육과정과 기계공학방법론에 기반한 로보틱스 커리큘럼을 제공하고 교사교육을 위해 엔지니어링 기술과 학습전략에 대한 1주일의 심층프로그램을 제공하고 있다. 학생들은 별도의 로봇토너먼트를 개최하여 프로젝트를 통해 제작한 로봇으로 참여가 가능하다.

첨단과학을 보다 실제적으로 체험할 수 있는 기회를 제공하고 직업으로 연계될 수 있도록 제공되는 프로그램도 확산되는 추세이다. 타아씨예다 프로그램은 이스라엘 정부가 이스라엘 기업연합회와 함께 운영하는 프로그램이며, 과학기술 현장견학 및 실습 프로그램, 과학기술 세미나, 교사를 위한 과학기술 교육에 대한 자문 프로그램 등을 운영하고 있다. 이 프로그램에서는 과학기술 산업체의 경영자가 학교 경영자들에게 조언을 하고 학교교육과정과 프로그램에도 자문을 제공하고 있다.

기존의 학교 과학교육을 보완하고 첨단과학에 대한 체험기회를 확대하기 위한 시도도 이루어지고 있다. Young Friends of Science initiative는 비형식의 교육으로 과학기술에 대한 이스라엘 학생들의 흥미를 이끌기 위해 이스라엘의 고등교육기관과 이스라엘 교육부 사이의 협력체제로 만들어진 기구이며, 학교 교실수업 내의 활동을 포함하여 중고등학생들이 과학기술관련 학습활동으로 할 수 있는 주제나 과제를 가지고 학교 밖의 세미나, 특별프로그램, 워크숍 등 학생들이 교외의 학교수업으로 할 수 있는 다양한 프로그램을 운영하고 있다. 더불어 학생들이 과학기술분야 대학이나 연구소 등 전문기관의 교수나 전문가와 직접적으로 만나는 기회를 제공하고 있다. Hemda 프로그램은 이스라엘의 과학교육을 위한 혁신적인 지역 프로그램으로 1991년 와이즈만 연구소에 의해 텔아비브에서 시작되었고 이후 르호봇 캠퍼스로 확대되었다. 주된 교육대상은 고급 STEM 과정(4–5 unit)으로 대학을 가기 원하는 인근 지역 고등학교 학생들이며, 개별 고등학교에서 갖추기 힘든 완벽한 실험실과 최고의 선생님들, 양질의 과학교육을 제공하고 있다.

과학관 등의 비형식교육기관을 중심으로 한 첨단과학 기반의 프로그램도 확산되는 추세이며, 민간 차원의 교육지원 프로그램도 확대되고 있다. 일란 라몬 청소년 물리학센터는 콜롬비아호의 이스라엘 우주인 이름을 따 네게브의 벤구리온대학에 2007년 1월 세워진 센터로 우수한 청소년들에게 고등물리 교육을 제공하고 있다. 추가적으로 이스라엘 서부지역 15개 도시의 약 8,000명의 학생들을 대상으로 학교에서 'hands-on learning activities'를 운영하고 있다.

⚙ 기업가정신 · 창업 교육 및 정책[2]

미래 사회에서는 불확실한 목표에 도전하는 혁신전략을 가져야 하는데 그러기 위해서는 과학기술을 활용한 사회문제 해결과 삶의 질 향상을 통한 부가가치 창출을 위해서 기업가정신의 함양이 요구된다. 더불어 사회가치창출의 바람직한 성과 중 하나인 창업에 대한 긍정적인 사회분위기를 조성하고 기회를 지속적으로 탐색하고 양질의 창업을 활성화하여, 과학기술 전문 인력의 창업을 통한 국가 성장 동력을 확보해야 할 필요성이 있다(백민정 외, 2017). 미국의 경우 2010년 기준, MIT와 Stanford 대학교의 동문 창업 기업의 매출이 1조 9천억 달러와 2조 7천억 달러로, 당시 우리나라 GDP의 2~3배에 이른다는 점에 있어서 국가 성장 동력으로서의 기술 창업 활성화의 중요성을 알 수 있다. 글로벌기업가정신연구 (GEM)의 보고서에 따르면 "중진국까지의 성장은 열심히 일하는 효율성이 주도하지만 선진국 진입은 혁신을 이끄는 기업가정신이 주도하며 결국 혁신적인 창업이 성장과 고용의 두 마리 토끼를 잡는 유일한 대안"이라고 밝혔다(반성식 외, 2011).

이러한 인식하에 미국과 유럽 등 선진국에서는 이미 오래전부터 청소년에 대한 기업가정신 함양교육이 이루어져 왔다. 미국의 경우 밥슨 대학(Babson College)이 기업가정신 학부(1989년)를 신설한 후 MIT, Stanford 대학교 등 400개 이상의 학교에서 정규교과목을 편

---

2) 이 부분의 사례는 KCERN의 공개포럼 '기업가정신교육혁신'의 자료를 참고하여 작성 되었음.

성하고 있으며 이는 애플, 구글, 페이스북 등 대학 및 대학원생 창업의 성공 신화의 기반이 되었으며 미국의 신성장동력이 되었다.

미국은 정부주도로 진로지도와 경제교육의 일환으로 청소년 창업 교육이 이뤄지고 있으며, 정규 교과목으로 기업가정신 함양 과목을 배치하고 교사 연수를 실시하는 등의 노력으로 기업가정신 특성화고등학교 6개교가 개설되어 있고, 대학과정에서는 현재 100개 이상 기업가정신센터가 운영되고 있다(한정화, 박상일, 2012). 뿐만 아니라 미국 청소년 기업가정신 교육의 주요한 특징은 활성화된 민간 기관의 역할이 크다는 점이다. 미국의 주요 청소년 기업가정신 교육 프로그램 추진기관은 CEE(The Consortium for Entrepreneurship Education: 기업가정신교육협력단)와 비영리 기관으로서 NFTE(Network for Teaching Entrepreneurship), 그리고 카우프만재단(Kauffman Foundation) 등이 있다. 카우프만 재단은 1990년대 초부터 카우프만 기업가 리더십 센터를 설치하고 모든 연령층에서 기업가정신이 고취될 수 있도록 다양한 교육프로그램을 운영하고 있다. 초·중고등학생을 위한 교육프로그램으로 Mini-Society(8~12세), Making a Jab(중학생), EntrePrpe(고등학생) 등이 있으며 학교의 정규과정에서도 활용되고 있다. 또한 월트 디즈니사와 공동으로 Hot Shot Business라는 온라인 시뮬레이션 게임 사이트를 운영하고 있으며 매년 2000만 명 수준의 학생들이 가상공간에서 창업하고 기업을 경영하는 체험을 하고 있다. Making Cents 프로그램은 기업가정신 교육 확산을 위해 기업가정신 교사와 강사를 훈련하는 교육자연수과정(Facilitator Training Courses)을 제공하고 있다. Youth Entrepreneurship Community

Development(YECD)는 미래의 기업가가 될 고교생을 훈련시켜 자립하도록 하여 기업가적 사회를 만드는 프로그램으로 학생뿐 아니라 교사 연수를 함께 운영한다. 또한 이를 지역사회자원과 연결시켜 지방경제 활성화하는 데 기여하고 있다. DECA Inc.(Distributive Education Clubs of American-corporated)는 미국 50개 주와 미국 교육부에서 승인을 한 연합체로, 4,500여 개의 고등학교와 200여 개의 대학에서 학교 교육과 동아리 활동을 통해 자발적으로 운영되고 있으며, 50개 주에서 185,000여 명의 학생들이 참여하고 있으며 교육과 컨퍼런스, 출판, 경진대회 등을 주최하고 있다.

유럽은 2000년 EU 회원국의 정상들은 리스본 어젠다를 통해 '가장 경쟁력 있고 역동적인 지식 기반 경제를 구축하고, 양질의 일자리 창출과 사회적 화합을 수반한 지속 가능한 경제성장을 달성하는 것'을 전략적 목표로 채택하였다. 2006년에는 '기업가정신 교육에 대한 오슬로 어젠다'를 통해 교육을 통한 기업가정신 함양을 결의했으며 초등학교부터 기업가정신 교육을 의무화하도록 권고하고 있다. 이는 기업가정신을 혁신 · 경쟁력 · 성장의 주요 동력으로 인식하고, 기업가정신 교육을 지식 기반 사회에서 생존하는 데 필요한 기초적 역량으로 강조한 것이다. 이러한 유럽의 기업가정신 교육 이념을 오해섭, 맹영임(2014)은 사회통합의 관점에서 해석한다. 유럽의 기업가정신 교육의 목표가 유럽 전체의 경제발전과 공동 번영을 위해 자질을 갖춘 경제인을 양성하는 것이기 때문이고 각국의 여건에 맞는 특색 있는 기업가정신 교육을 받은 젊은이들이 국경을 넘어 교류하고 서로 협력함으로써 유럽 통합에 기여할 인재를 양성한다는 의미가 있다는 것이다(강경균, 2016). 이러한 연장선에서 유럽 기업가정신 교육프로그램은 지역사회와 밀접한 연관을 중시하는 특징을 가지고 있다.

독일경제연구소는 기업가정신을 진로교육과 연계시켜 'JUNIOR 프로그램'을 수행하며 참가 학생들은 8~9개월의 기간 동안 학교에 작은 회사를 만들어 사업 운영에 필요한 능력을 습득하고 있다. 정부지원 기관 프로그램인 ifex는 'School and Entrepreneurship'이라는 활동을 운영하고 있으며 'Entrepreneurs into School'이라는 캠페인이나 사업박람회 참가, 교육 자료의 개발, 교사 훈련, 전국 모의 사업 경진 대회, 여름캠프 등을 통한 학생들의 훈련, 실제 금융 지원, 컨설팅을 통해 교사와 학생들 간의 소기업 창업을 지원하고 있다. Business@school은 BCG(Boston Consulting Group)를 비롯한 19개의 회사들이 독일, 오스트리아, 이탈리아, 스위스, 싱가포르에 위치한 학생들을 대상으로 기업경영 체험 프로그램을 운영하고 있다. 영국의 Determined to Succeed 프로그램은 초등학교 창업교육 프로그램으로 스코틀랜드 행정부의 3개의 개혁 중 하나인 창업 교육 전략을 제시하였으며 학교와 기업 간의 파트너십을 강조하고 있다. University of Strathclyde의 교육학과는 교직과정 내 창업교육 프로그램을 제공하여 교사들로 하여금 기업에 대한 친숙함을 갖도록 하고 있으며, 이런 과정은 향후 그들이 교사가 되었을 때나 혹은 교사가 되려고 할 때 상당한 도움이 되는 것으로 평가받고 있다. 프랑스의 Entreprendre au Lycee 프로그램은 중·고등학생들을 대상으로 아이디어를 개발하고, 상품을 제안하고, 기업을 운영하는 프로젝트를 진행하고 있다. 2~4명의 교사들로 구성된 교육팀은 현실 경제상황을 다루기 위해 청년 기업가들이 기업

파트너들과 관계를 맺도록 하는 역할을 수행하고, 기업 파트너들은 청년 기업가들에게 그들의 경험과 자문을 제공하며 교육팀원들에게는 지원네트워크를 확대하도록 지원하고 있다.

02
우리나라 과학영재 교육프로그램 현황 및 실태

우리나라는 국가 주도의 영재교육이 이루어지고 있음에도 불구하고 국가 수준의 과학영재 교육프로그램의 가이드라인이 제시되지 않아 각 영재교육기관별로 과학영재 교육프로그램에 대한 점검이나 검증 없이 교육이 이루어지고 있다. 영재교육은 교육과정으로 그 특징을 나타낼 수 있는데 우리나라 영재교육기관들의 교육과정의 경우 참여하는 교사들의 상황에 따라 구성되어 이루어지고 있다. 이는 영재선발 이전에 기관의 특성과 영재의 특성을 고려한 교육과정이어야 함에도 불구하고 이와 같은 특성이 고려되지 않고 있다는 문제를 제기하고 있다. 교육청 영재교육기관의 과학영재교육은 양질의 교육프로그램이 부족한 상태에서 개별 교사의 전문성에 맡겨져 있으며, 대학 부설 과학영재교육원의 경우도 교육프로그램의 대부분이 개별 교수의 전문성에 맡겨져 있어 일부의 경우 너무 선행된 지식에 치우쳐 있다는 문제점이 발생하고 있다. 실제로 대학부설 과학영재교육원의 교과과정 개발 방법을 보면, 주로 분과의 대표 지도교수와 강사가 협의해서 개발하는 경우가 전체의 62.6%를 차지하고 있을 정도로 외부 과학영재교육 전문가와의 협의가 실질적으로 이루어지지 않고 있다([그림 4-1] 참조).

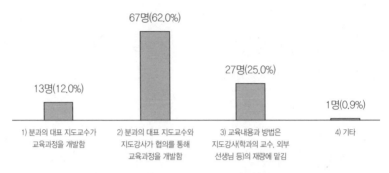

67명(62.0%)

27명(25.0%)

13명(12.0%)

1명(0.9%)

1) 분과의 대표 지도교수가
교육과정을 개발함

2) 분과의 대표 지도교수와
지도강사가 협의를 통해
교육과정을 개발함

3) 교육내용과 방법은
지도강사(학과의 교수, 외부
선생님 등)의 재량에 맡김

4) 기타

[그림 4-1] 대학부설 과학영재교육원 교육과정의 개발방법 (N=108)(정현철 외, 2013)

뿐만 아니라 너무 어릴 때부터 영재의 특성이 명확하지 않음에도 불구하고 수학, 물리, 화학, 생물, 지구과학, 정보과학 등 분과적으로 학생을 선발하며, 교육과정 역시 각 분과별 교육이 이루어져 속진 형태의 교육이 만연하고 있다. 현재 대부분의 과학영재교육기관의 초등과정은 수학, 과학, 정보의 3개 반으로, 중등과정은 수학, 물리, 화학, 생물, 지구화학, 정보의 6개 반으로 운영되는 것이 거의 일반적인데, 과학영재 교육프로그램의 교육 내용들이 주로 분과 지식 및 선행 위주의 프로그램으로 운영되다 보니 과학영재의 창의와 도전정신 및 융합 역량의 함양 기회가 매우 저조한 형편이다. 이와 관련하여 2017년도 현재 과기정통부 지원 27개 대학부설 과학영재교육원 중에서 각 기관별로 학교 급에 따라 운영하고 있는 교육 분야 현황을 살펴보면 다음과 같다(〈표 4-1〉 참조).

분과적 교육 운영의 폐해는 순수과학 위주의 교육이 이루어져 선행학습 형태의 교육이 주류를 이루며, 특정 주제, 특정 분야(로봇, 자동차, 스마트폰 등 공학 분야) 등에 대해 높은 관심을 가지고 있는 영재들에게 다양한 교육기회가 제공되지 않고 있다는 점도 문

〈표 4-1〉 대학부설 과학영재교육원의 교육 분야 운영 현황(2017년도 기준)(정현철 외, 2017a)

구분	초등(25개)				중등(27개)							
	수학	과학	정보	융합	수학	물리	화학	생물	지학	과학	정보	융합
기관 수	14	15	5	17	24	25	25	24	14	8	20	10
비율(%)	51.9	55.6	18.5	63.0	88.9	92.6	92.6	88.9	51.9	29.6	74.1	37.0

제점이라고 할 수 있다. 특히 현재와 같은 학기 중 간헐적으로 이루어지는 교육으로는 융합형 교육에 많은 제약이 있다(팀 티칭은 예산상의 문제, 교수자의 제약 등으로 매번 계속 지속하기 어려움).

대부분의 영재교육기관들이 영재의 인지적 발달 및 지식 등에 초점을 맞추고 있어 과학영재들의 심리적 불안이나 상담 등에 대한 지원이 전혀 이루어지지 않고 있다. 과학영재 역시 진로 등에 대한 고민을 상담하고 도움을 받을 수 있는 기회가 제공되지 않아 대학 진학만을 염두에 두고 교육에 참여하는 경우가 많다(일부 기관에서 특강형태로 진행하나 여전히 부족한 형태임). 전문가 집단으로 멘토풀(pool)을 구성하여 학생들이 상시 고민을 얘기하고 상담을 받을 수 있는 시스템을 구축하는 것이 필요하다.

03

미래사회 변화를 반영한
과학영재 교육프로그램 혁신전략

4차 산업혁명시대는 사람의 두뇌를 대체하는 인공지능의 출현으로 디지털과 다양한 분야가 융합하는 기술혁명이 주도하는 시대이다. 즉, 인공지능, 3D 프린팅, 자율주행 자동차, 사물인터넷 (IoT), 바이오테크놀로지 등 이전에는 경험해보지 못한 새로운 첨단과학기술이 4차 산업혁명으로 태어나게 될 주요 산물이라고 볼 수 있다. 미래사회는 한 분야의 지식으로는 해결할 수 없는 융합적이고 복합적인 문제들이 발생하고, 따라서 다양한 학문분야를 넘나드는 창의적이고 융합적인 사고력과 실천력을 지닌 통섭적인 인재가 요구된다. 과학영재 교육프로그램은 이와 같은 미래사회의 인재에게 요구되는 역량과 학습자로서 영재의 특성이 고려된 교육이어야 한다. 현재와 같이 교과중심의 분절적 교육, 학문체계의 지식습득 교육, 수동적인 학습의 교육프로그램으로는 4차 산업혁명이라는 미증유의 미래사회를 견인할 인재를 육성하기 어려울 것이다. 과학영재 교육프로그램을 혁신하기 위해 미래의 과학영재 교육프로그램이 갖추어야 할 특성과 예시를 살펴보면 다음과 같다.

⚙ 미래 사회를 대비한 과학영재 교육프로그램의 특징

최근 들어 우리나라를 포함하여 전 세계적으로 미래사회에 대비하기 위한 교육정책의 키워드 중 하나가 핵심역량(key competencies)이다. 교육 경쟁력이 곧 국가 경쟁력의 원천이 된다는 점에서 현재 및 미래사회에 요구되는 학습자의 핵심역량을 찾아내고, 이를 교육을 통해 구현하려는 정책을 추진해오고 있다.

세계경제포럼(World Economic Forum, 2015) 보고서는 21세기에 요구되는 기능을 16가지로 구분하여 제시하였다. 이 16가지 기능은 메타분석을 통해 추출되었고, 기초문해력, 핵심역량, 품성의 세

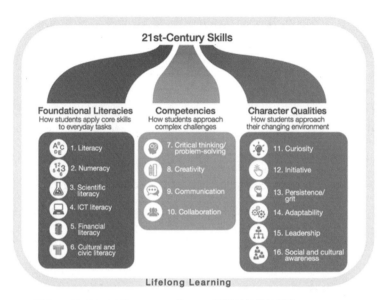

[그림 4-2] World Economic Forum이 제시한 핵심 역량(WEF, 2015)

영역으로 나뉜다. 기초문해력(foundational literacies)은 일상 생활업무를 처리하기 위해 필요한 기능들이다. 이와 같은 기능으로는 기본적인 문해력, 수학, 과학, ICT, 재정 소양, 문화와 시민 의식 등이 포함되며 향후 핵심역량과 품성을 기르기 위해 기초역할을 한다. 전통적인 교육에서 강조되는 것으로 기본적인 읽고 쓰고 정량적인 관계를 이해하는 능력을 포함하며 21세기 필요한 기능을 습득하기 위한 출발점이라고 할 수 있다.

핵심역량(competencies)은 학생들이 복잡하고 도전적인 문제상황을 해결하는 데 필요한 역량이다. 이에는 비판적 사고, 창의성, 의사소통, 협동 능력이 포함된다. 비판적 사고는 상황, 아이디어, 정보를 찾아내고, 분석·평가하여 문제 상황에 대한 반응 방식을 정하는 능력이다. 창의성은 문제를 해결하거나 문제에 답을 하거나,

의미를 표현하기 위해서 지식을 적용, 종합, 변형하여 혁신적으로 새로운 방법을 상상하고 만들어 내는 능력이다. 의사소통과 협동은 다른 사람들과 협력하여 정보를 전달하거나 문제를 공략하는 것을 포함한다. 이런 핵심역량은 비판적으로 평가하고, 지식을 전달하고, 팀원과 협력하는 것이 일상적인 활동으로 요구되는 21세기 인력에게는 필수적이라 할 수 있다. **품성**(character qualities)은 학생들이 변화하는 환경에 어떻게 대응하는가에 관한 것으로 끈기, 적응력, 호기심, 진취성, 지도력, 사회문화적 인식을 포함한다. 급격히 변화하는 시장의 소용돌이 속에서 끈기, 적응력 등의 특성은 장애에 유연하게 대처하여 성공할 수 있게 해준다. 호기심(curiosity)과 진취성(initiative)은 새로운 개념과 아이디어를 발견하는 일을 시작하게 한다. 지도력과 사회적 · 문화적 인식(social and cultural awareness)은 사회적 · 인종적 · 문화적으로 적절하게 다양한 사람들과 건설적으로 상호작용하는 것을 포함한다.

미래사회를 살아가기 위해 누구라도 갖추어야 할 핵심역량에 추가하여 미래사회 과학영재들이 갖추어야 할 핵심역량으로는 그 구성요소는 물론 전문성이나 수준 측면에서도 차별화될 것이다. 미래의 과학영재 육성을 위해 어떤 교육경험을 제공할 것인지를 구체화한 역량기반의 과학영재 교육프로그램이 갖추어야 할 요소는 다음과 같다.

첫째, 다양한 분야의 미래인재가 갖추어야 할 핵심역량과 더불어 과학영재가 갖추어야 할 핵심역량에는 과학의 본질적 특성에 비추어 과학자들이 갖추어야 할 역량 특성을 포함해야 한다. 즉, 과학영재들이 미래의 과학자나 과학기술분야 인재로 성장하는 것을 전제로 그들이 반드시 갖추어야 할 역량을 추출해야 한다(박재진 외, 2014). 이와 관련한 선행연구들(오원근, 2006; 오헌석 외, 2007; 홍성민, 2013; 박재진 외, 2014)에서는 창의적 과학자들에 대한 전기적 연구, 과학자의 생애 분석을 통한 인재 특성 추출, 과학인재의 성장 및 전문성 발달 과정에서 영향 요인 분석 등을 통해 과학자로서 개인의 특성이나 신념, 과학자로서 갖추어야 할 책임과 역량, 과학자로서 과제 수행 과정에서 필요로 하는 역량 등을 추출한 바 있다. 이들은 과학자들이 갖추어야 할 핵심역량으로 과학자로서 인지적 역량, 과학적 태도 관련 역량, 과학자로서 개인적 자질과 인성, 과학자로서 네트워킹 등을 제안하였다.

둘째, 미래사회로 갈수록 과학영재들에게는 융합형 영재교육이 필요하므로 융합형 과학영재의 특성과 관련된 핵심역량을 추출할 필요가 있다. 우리나라의 경우 2011년에 과학기술 소양을 갖춘 인력양성을 위하여 융합인재교육(STEAM) 활성화 방안을 발표하고 이를 정책적으로 추진하였다. 우리나라 과학영재교육이 역량기반 체제로 접근하기 위해서는 융합형 과학영재 양성을 위한 핵심역량을 먼저 규명할 필요가 있다. 즉, 미래인재 개발 측면에서 융합형 과학영재 양성을 위한 교육과정을 제안하기 이전에 이들이 갖추기를 기대하는 핵심역량을 먼저 규명할 필요가 있을 것이다.

융합형 영재를 "소통을 통해 융합적 전문성을 지닌 인재로서 창의적 성과를 창출하고자 도전하는 특성을 지닌 영재"로 정의한 선행연구들(양희선과 강성주, 2017: 114)의 정의를 활용하여, 이 글에서는 융합형 과학영재를 '과학을 근간으로 하여 소통을 통해 융합적 전문성을 발휘하여 창의적 성과를 만들어내기 위해 도전하는 영재'

로 정의하고자 한다. 달리 말해서 미래인재들 중 과학영재는 "특히 과학영역과 관련된 상황에서 이러한 특성을 강하게 나타내는" 영재들이라고 할 수 있다(성은현 외, 2010: 17). 선행연구들에서는 융합형 과학인재가 갖추어야 할 역량으로 창의성, 도전정신 등을 제안하였다(성은현 외, 2010; 한국과학창의재단, 2017: 3). 물론 융합형 과학영재에 대한 정의와 외연이 달라지면 융합형 과학영재가 갖추어야 할 핵심역량도 달라질 것이다. 따라서 융합형 과학영재를 위한 교육경험을 논의하기 이전에, 먼저 융합형 과학영재에 대한 학문적 합의를 도출하는 과정이 선행되어야 할 것이다.

셋째, 미래인재상, 특히 미래사회를 이끌어갈 과학영재에게 가장 중시되는 핵심역량 중 하나는 협력이다. 무엇보다도 "분석력이 뛰어난 인공지능이 등장했으니 이제 인간은 협업을 통해 창조적인 일을 해야" 하며, 미래사회에 요구되는 창조적인 일에는 여러 분야를 아우르고 관통하며 협업하는 혁신 마인드를 가진 영재가 요구된다(한국과학창의재단, 2017). 또한 과학기술 분야의 전문가로서 업무나 과제를 수행하기 위해 특별히 요구되는 핵심역량의 주요 영역으로 협업, 타인에 대한 배려 등과 같은 실천적인 역량도 중시된다.

이밖에도 과학기술 혁신을 주요 특징으로 하는 미래사회의 과학영재는 창의성, 비판적 사고, 통섭 등과 같은 인지적 역량, 호기심, 몰입, 도전의식, 끈기 등과 같은 인성적 · 정서적 역량, 협업, 관계성 등과 같은 사회적 역량 등을 필요로 할 것이다.

⚙️ 미래사회를 대비한 과학영재 교육프로그램 예시

❶ 첨단과학기술 주제 중심 과학영재 교육프로그램

영재란 뛰어난 재능을 바탕으로 장차 뛰어난 업적을 남길 것으로 기대되는 사람이다. 국가가 과학영재교육을 추진하는 주요한 목적도 영재들이 국가를 위해 탁월한 성취를 이루어주길 기대하기 문일 것이다. 한편 뛰어난 업적을 남긴 인물들의 사례를 살펴보면 본인이 원하든 원하지 않든 대부분이 매우 어려서부터 해당 분야에 노출이 이루어진 경우가 많다. 예로 IT분야에서 뛰어난 인물인 Bill Gates와 Steve Jobs의 경우 컴퓨터가 보편적이지 않던 시기임에도 불구하고 10대 초반에 이미 컴퓨터와 매우 친숙해졌으며, 이러한 지속적인 경험이 창의적인 산출물로 이어진 경우이다. 세계적인 영화감독인 Steven Spielberg의 경우 10세에 생일선물로 받은 카메라를 가지고 놀면서 영화감독의 자질을 준비할 수 있었으며, 증기기관차을 발명한 George Stephenson의 경우 어린 시절 탄광촌에서 자라면서 석탄 운반용 기관차를 어떻게 개량할 것인가에 대한 고민이 있었기에 결국 증기기관차 발명으로까지 이어졌다고 볼 수 있다. 그러므로 미래를 변화시킬 영재들이 일찍부터 첨단과학기술분야를 접하고 이와 관련된 경험의 축적을 통해 창의성을 계발하는 교육은 매우 중요하다고 할 수 있다.

최근 이슈가 되고 있는 과학기술 분야의 혁신기술들은 다양한 전문분야의 융합의 산물이며, 이러한 융합적 주제들을 활용한 교육이 필요하다. 과학기술 분야의 주제중심 교육프로그램 구성 시 과학기술분야의 주제가 가지고 있는 다학문적 성격을 고려하여 통합교육과정 모형의 방식으로 접근할 필요가 있다. 더불어 각각의 세부 분야에서의 지식을 분절적으로 습득하는 것이 아니라, 각 분야의 지식과 방법이 융합돼 첨단과학을 중심으로 유기적으로 내용을 통합하여 핵심개념을 학습하고, 통합적인 사고능력을 발전시킬 필요가 있다. 이러한 첨단과학의 주제중심의 과학영재 교육프로그램은 과학영재로 하여금 과학기술에 대한 호기심과 관심을 갖고, 다학문간 지식의 통합을 가능하게 하고, 실제 생활에서의 경험적 활동을 통해 미래 사회의 변화에 민감하게 대처할 수 있는 능력을 키우기 위한 효과적인 교육을 제공할 것이다.

과학기술 분야의 주제를 중심으로 교육프로그램을 구성함에 있어 교육의 기본방향과 교육목표 및 교육내용의 범주, 교육의 단계를 비롯한 각 단계의 교육자료 개발의 절차와 가이드라인을 예시로 제공하고자 한다.

과학기술분야 주제중심 과학영재교육은 첨단과학에 대한 이해를 높이고, 과학영재들이 미래사회 과학기술인재로서 핵심역량을 함양하기 위한 교육프로그램을 의미한다. 과학기술분야의 주제중심 교육프로그램의 기본방향은 다음과 같다.

- 기존 수학·과학 위주의 분과적인 심화형 교육에서 벗어나 특정 주제에 관심 있는 과학영재들의 교육적 요구를 충족시킬 수 있는 교육
- 과학영재들이 미래사회의 과학기술분야 인재로 성장하기 위해 필요한 핵심역량을 함양할 수 있는 교육
- 미래과학기술과 관련된 실제적인 문제해결을 위해 팀 기반의 프로젝트 활동을 중심으로 하는 교육

• 과학기술분야에 대한 이해와 진로 탐색의 기회를 제공하는 교육

위와 같은 기본방향을 고려하여 과학기술분야 주제중심 과학영재 교육프로그램의 수업목표는 다음과 같이 제시될 수 있다.

• 과학기술분야의 시제품 및 산출물에 대한 작동원리나 구현기술을 이해하는 데 필요한 과학 개념 및 공학적 원리를 통합적으로 이해한다.
• 과학기술분야에 대한 흥미와 호기심을 기르고, 미래 과학기술 사회의 문제를 창의적으로 해결하려는 태도를 함양한다.
• 과학기술분야와 관련된 실제적인 문제해결을 위해 팀을 이뤄 설계 및 임무 수행 과정을 통해 동료와의 협력의 중요성을 인식한다.
• 과학기술분야의 문제를 탐색하고 해결하는 과정을 통해 자기주도적 학습역량을 함양한다.
• 다양한 경험과 이해를 통해 과학기술분야의 진로와 직업에 대해 탐색하고 자신의 진로를 준비할 수 있다.

과학기술분야 주제중심 과학영재교육은 미래 유망 과학기술을 대상으로 하며, 이를 위한 교육내용은 해당 주제에 대한 '기초적 소양', 주제에 대한 '지식과 원리' 및 '적용과 활용', 그리고 해당 주제가 '과학기술과 사회'에 미치는 영향 등으로 구분된다.

첫 번째 기초적 소양의 내용 요소는 역사와 발전현황, 진로와 직업으로 구성되며, 과학기술의 역사와 발전과정을 알아보는 활동과 과학기술분야에 대한 진로와 직업탐색 활동 등으로 세부 활동을 구성할 수 있다.

두 번째 지식과 원리의 내용 요소는 기초 지식과 개념과 원리로 구성되며, 과학기술의 기초지식을 이해하는 활동과 과학기술의 개념, 원리에 대한 심층탐구 활동 등으로 세부 활동을 구성할 수 있다.

세 번째 적용과 활용의 내용 요소는 응용 및 적용, 지식의 활용으로 구성되며, 과학기술의 주요원리를 응용·적용하는 활동과 과학기술의 지식을 실제적으로 체험하는 활동 등으로 세부 활동을 구성할 수 있다.

네 번째로 과학기술과 사회의 내용 요소는 사회적 영향과 쟁점, 미래사회의 발전 전망으로 구성되며, 과학기술이 사회에 미치는 영향과 쟁점을 논의하는 활동과 과학기술이 어떤 방향으로 발전하는지 예측하는 활동 등으로 세부 활동을 구성할 수 있다. 이러한 과학기술분야 내용범주의 구성 요소는 특정 주제를 중심으로 교육내용을 구성하는 과정에서 교육내용의 틀로 활용할 수 있다. 〈표 4-2〉는 로봇분야의 주제에 적용한 교육내용 구성의 예이다.

학습하고자 하는 주제와 교육내용이 구성되었다면, 이를 효과적인 수업으로 구성하기 위해 학습주제와 내용을 수준과 단계에 맞게 재구조화할 필요가 있다. 과학기술분야 주제에 대한 학습수준의 위계는 '전 교육단계' '잠재적 수요 단계' '체계적 학습 단계' '주도적 참여 단계'의 과정으로 구분된다(정현철 외, 2017b).

전 교육단계는 주제에 대한 소극적인 관심·흥미를 지니고 있으며, 주제에 대한 경험이 저조하여 교육에 대한 수요가 형성되지 못한 상태이다. 이러한 상태의 학습자에게 다양한 주제를 탐색하고 경험하는 활동의 제공은 특정 주제에 대한 잠재적 수요를 가지게 한다.

〈표 4-2〉 과학기술분야 주제중심 과학영재 교육프로그램 모형의 내용범주(예시)

구분	내용 요소	세부 내용
기초적 소양	역사와 발전현황	• 과학기술의 역사와 발전과정을 알아보는 활동 (로봇의 역사와 발전과정)
	진로와 직업	• 과학기술에 대한 진로 및 직업탐색 활동 (로봇분야에 대한 진로와 직업 탐색)
지식과 원리	기초 지식	• 과학기술의 기초지식을 이해하는 활동 (로봇의 개념, 종류, 기능 및 역할 등)
	개념과 원리	• 과학기술의 개념, 원리에 대한 심층탐구 활동 (로봇의 구조/원리, 구현기술의 이해 등)
적용과 활용	응용 및 적용	• 과학기술의 주요원리를 응용 · 적용하는 활동 (알고리즘, 구조설계, 제작방법 등)
	지식의 활용	• 과학기술의 지식을 실제적으로 체험하는 활동 (재난 시 로봇을 활용하는 방법 등)
과학 기술과 사회	사회적 영향과 쟁점	• 과학기술이 사회에 미치는 영향과 쟁점 논의 (로봇이 사회에 미치는 사회적 쟁점 논의)
	미래사회의 발전 전망	• 과학기술이 어떤 방향으로 발전하는지 예측 (미래사회 로봇의 발전 전망 등)

두 번째 잠재적 수요 단계는 특정 주제에 대한 관심 · 흥미가 고조된 상태이나 관련된 학습과 경험제공의 기회 부재로 지적 호기심을 해결하지 못한 상태라고 할 수 있다. 이러한 주제에 대한 잠재적 수요 단계는 학습자로 하여금 주도적인 학습단계로 진입을 하는 원동력을 제공하나 지적 호기심이 적시에 해결되지 않을 경우 학습된 무기력감이나 고원현상 등의 요인으로 관심과 흥미가 소거될 수 있다.

세 번째 체계적 학습 단계는 학습자가 특정 주제에 대해 심층적으로 탐색하는 단계이다. 이 단계에서는 해당 주제에 대한 지식(내용적·방법적)을 이해하고 지식을 적용, 활용하는 방법 및 해당주제 관련 창의적문제해결의 과정을 통하여 주도적인 참여를 위한 발판을 다지게 된다.

네 번째 주도적 참여 단계는 주제에 대한 충분한 지식과 적용, 활용 및 창의적 문제해결력을 바탕으로 확장된 주제에 대해 주도적인 프로젝트를 수행하는 단계이다. 이 과정에서 창의적인 산출물을 생산하거나 해당 주제의 커뮤니티 내 견인 역할을 담당하기도 한다. 해당 주제의 일정 수준에 도달한 자기주도적 학습자는 파생된 주제에 대한 새로운 잠재적 수요 단계에 진입하게 되며, 지속적인 학습주기를 형성하게 된다.

과학기술분야와 같이 생소할 수 있지만 학생들의 높은 관심과 흥미를 이끌어내는 특정영역의 학습의 과정은 기존의 영재교육이론들이 제시하는 학습과정과 유사하다고 볼 수 있다. 즉, 일정 부분 해당 주제에 대해 지식과 경험을 탐색하기 위한 과정이 필요하며, 주제에 대한 충분한 지적 호기심이 고조되었을 때 이를 충분한 지

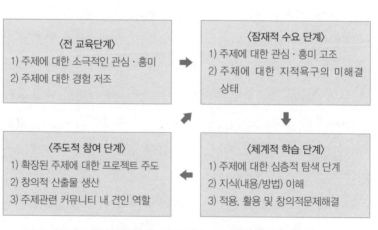

[그림 4-3] 주제에 대한 학습수준의 위계(정현철 외, 2017b)

식과 기술의 숙달을 통해 스스로 문제를 해결할 수 있는 역량을 함
양하는 과정이 필요하다. 그리고 새로운 주제와 상황에서 창의적
인 산출물을 생산하고 관련된 주제에 대한 새로운 학습의 상황으
로 연결될 수 있는 순환이 일어나도록 구성할 필요가 있다.

영재교육의 여러 연구들은 영재의 특성과 문제해결의 양상에 대
한 다양한 탐색을 통해 효과적인 모형들을 제안하고 있다. 과학기
술분야 주제에 대한 학습수준의 위계적 특성과 다양한 영재교육
모형에 착안하여 과학기술분야 주제중심 교육모형의 단계를 '주제
탐색단계' '주제 적용단계' '주제 확장단계'로 제시하고자 한다(〈표
4-3〉 참조).

〈표 4-3〉 주제중심 과학영재 교육모형의 학습단계 및 활동내용

구분	내용
주제 탐색단계	과학기술분야에 대한 주제탐색 및 기초지식과 방법을 습득하는 과정 • 미래과학기술분야에 대한 다양한 경험을 제공 • 다양한 경험을 통해 과학기술분야의 관심과 지식의 폭을 확대 　예) 주제배경 및 진로탐색, 기초적 지식과 방법 및 원리습득, 창의적 　　설계 원리 이해, 쟁점이슈 토론 등
주제 적용단계	과학기술분야 주제에 대한 지식과 원리 및 방법을 적용하는 과정 • 과학기술분야에 관련된 기본 탐구기능 및 연구방법 등에 대한 학습 • 과학기술분야 문제해결에 필요한 창의적 설계와 제작 경험 　예) 심화적 지식, 방법 습득 및 적용, 창의적 설계 및 산출물 제작 체험
주제 확장단계	과학기술분야 주제에 대한 문제를 스스로 발견하고 창의적으로 해결 하는 과정 • 습득한 지식과 기능을 활용하여 문제해결에 필요한 아이디어 산출 • 문제상황을 해결할 수 있는 창의적 산출물 설계 및 제작 　예) 확장된 주제에 대한 자기주도적 연구 및 창의적 산출활동, 비구 　　조화된 문제해결 등

'주제 탐색단계'는 과학기술분야에 대한 주제를 탐색하고 기초지식과 방법을 습득하는 과정이다. 즉, 미래과학기술분야 주제에 대한 다양한 경험의 제공을 통해 해당 분야에 대한 관심과 지식의 폭을 확대시킬 수 있다. 활동의 예로 주제에 대한 배경과 진로를 탐색하는 활동, 기초적인 지식과 방법 및 원리를 습득하는 활동, 창의적 설계의 원리를 이해하는 활동, 해당주제의 주요 쟁점이슈에 대한 토론활동 등을 제시할 수 있다.

'주제 적용단계'는 과학기술분야 주제에 대한 지식과 원리 및 방법을 적용하는 과정이다. 즉, 과학기술분야에 관련된 기본 탐구기능 및 연구방법 등을 학습하고, 과학기술분야 문제해결에 필요한 창의적 설계와 제작의 경험을 갖게 된다. 활동의 예로 심화적 지식, 방법 습득 및 적용, 창의적 설계 및 산출물 제작 체험활동 등을 제시할 수 있다.

'주제 확장단계'는 과학기술분야 주제에 대한 문제를 스스로 발견하고 창의적으로 해결하는 과정이다. 즉, 습득한 지식과 기능을 활용하여 문제해결에 필요한 아이디어를 산출하고 문제 상황을 해결할 수 있는 창의적 산출물을 설계하고 제작한다. 활동의 예로 확장된 주제에 대한 자기주도적 연구 및 창의적 산출활동, 비구조화된 문제해결 활동 등을 제시할 수 있다.

이 세 단계는 주제중심 과학영재 교육모형이 가지는 큰 틀을 제시하고 있으므로, 각 단계의 학습내용을 구체적으로 구성하고 교수를 실행함에 있어 중요한 것은 바로 교사의 역량이다. 각 단계에서 교사는 학습자의 특성과 교육적 수요를 반영하여 학습의 목표와 주제의 수준을 결정하고 이를 통해 적합한 수업의 단계를 결정하여야 한다. 앞서 이론적 배경에서 살펴본 바와 같이 교사는 지식의 전달자가 아니라 '교육과정 설계자'로서, '연계성 전문가'로서 그 역할이 변화하고 있다. 즉, 교사는 다양한 학생들의 특성과 관심을 반영하기 위해 교육목표와 대상 및 환경을 주체적으로 이해하고 상황에 맞는 맞춤형 수업을 구성할 수 있는 '설계전문성'과 다양한 주제로 확장이 가능한 수업을 구성할 수 있는 '연계전문성'을 발휘해야 한다. 더불어 교사는 교육과정을 신뢰성 높고 체계적으로 개발할 수 있어야 하며 교수설계의 기본적인 과정을 숙지하고 있어야 한다. 주제중심 과학영재 교육프로그램 개발에 있어서도 차시별 수업을 설계할 때에 분석, 설계, 개발, 실행, 평가의 과정을 거쳐서 체계적으로 교육내용이 조직되고 효과적인 교육방법이 선정되어야 한다.

주제중심 과학영재 교육모형의 목적이 영재 학생들의 고차원적인 사고능력의 향상, 창의적 문제해결력, 창의성과 인성을 키우는 교육이라는 점에서 맥락을 같이 할 때 각 수업 단계에서 사용할 수 있는 일반교수학습모형 몇 가지를 소개하면 프로젝트 학습(Project Approach), 창의적 문제해결 모형(Creative Problem Solving), 문제중심학습(Problem Based Learning), 융합인재교육(STEAM), 메이커교육(Maker movement) 등을 들 수 있다. 프로젝트 학습, 창의적 문제해결 모형, 문제중심학습은 창의적 문제해결력, 창의적 사고력과 비판적 사고력을 향상시키기 위한 교육모형으로서 주제중심 과학영재 교육모형의 각 단계에서 유용하게 활용할 수 있다. 또한, 융합인재교육, 메이커 교육도 융복합적 사고 및 IT에 기반한 교육프로그램 개발을 위해 적절하게 활용할 수 있다.

❷ 사회가치창출형 과학영재 교육프로그램의 예시

4차 산업혁명시대에 사회적 가치를 창출할 수 있는 융합·창조형 인재를 육성하기 위해서는 교육의 변화가 필수적이다. 즉, 지식이나 기능의 습득이 아닌 과학기술을 활용하여 사회 문제를 해결하고 삶의 질을 향상시킬 수 있는 부가가치를 창출하는 경험과 역량의 계발이 중요할 것이다. 그러기 위해서 교육과 사회의 융합이 필요하다. 특히 복잡한 미래사회의 문제들을 해결하기 위해서는 아무리 뛰어난 개인이라도 혼자서는 해결할 수 있는 것이 거의 없고 여러 사람이 힘을 합쳐 문제를 해결해야 한다. 따라서 미래 사회에 가치를 창출할 수 있는 과학영재를 육성하기 위해서는 창의적 문제해결 능력을 바탕으로 팀 프로젝트 중심교육이 실시되어야 한다.

팀 프로젝트 중심교육은 단순히 정답을 맞히는 교육이 아니라, 문제를 찾는 능력과 개방적인 팀워크로 문제를 해결하는 역량을 키우는 교육이다. 세계의 선도 대학들은 이미 프로젝트 중심 교육으로 전환하고 있다. 프로젝트 중심교육의 근본적인 특징은 교수자에 의해 학습이 이루어지는 것이 아니라, 학생 스스로 문제를 창의적으로 해결해야 하는 학습자 중심의 수업 방식이라는 점이다. 학생들은 프로젝트 중심 교육을 통해 스스로 변화를 주도하며 자기조직화할 수 있고 이를 통해 창의적 사고력을 키울 수 있다. 프로젝트에 참여하면서 필요한 지식을 자율적으로 학습하고 이를 통해 스스로 동기부여될 수 있다. 학생들은 열린 토론과 협업을 통한 교육으로 집단 창조성을 경험하게 되고 창조성과 협업역량을 강화할 수 있게 된다. 프로젝트 중심 교육은 정답이 하나가 아닌 여러 개일 수 있으며, 학생들이 자발적인 프로젝트 문제에 대한 창의적인 해결방안을 제시하고 주어진 지식과 새로운 지식을 융합한다는 점에서 교육 효과와 필요성이 검증되었다(김연정, 2017).

사회가치창출형 팀 프로젝트 중심교육의 과정은 다음과 같이 진행된다. 프로젝트 중심 교육에서는 먼저 문제를 발굴해 내는 것이 중요하다. 급변하는 사회 문제를 바라보고 사회적 영향력이 큰 문제를 찾아내는 연습을 해야 한다. 이어서 문제해결은 여러 가지의 가설을 설정하고 검토하는 사고 과정을 통해 문제를 복합적으로 해결한다. 이 과정에서 집단 토론이 중요한 역할을 하게 된다. 사회 문제 해결의 능력을 갖추기 위해서는 문제를 구성하고 있는 요소를 비판적으로 사고하는 능력이 필요하다. 집단 협업은 실제 사회에서 의사결정을 할 때 많이 이루어지므로, 이를 교육에 반영하여 과학영재들이 집단의 창의성과 열린 사고를 경험할 수 있게 된다. 새로운 부가가치를 창출하는 프로젝트의 경우 학생들이 스스로 문제를 해결하기 위해 창의·융합적 역량을 바탕으로 아이디어를 창출하고, 이를 구체화하여 제품 또는 서비스의 형태로 제안(특허, 사업계획서, 프로토타입 등)할 수 있는 역량을 동시에 함양할 필요가 있다. 특히 아이디어 도출에서 그치는 것이 아니라 구체화할 수 있는 다양한 메이커 역량 강화가 필요한데 이를 위해 코딩 교육, 메이커 교육, 기업가 정신교육이 통합적으로 운영될 필요가 있다. 미래의 부가가치 창출을 위해 프로젝트를 통한 아이디어 창출을 유도하고 이런 아이디어를 특허와 비즈니스 모델링 혹은 사업계획서의 형태로 도출해보는 경험은 매우 실제적인 도움을 줄 수 있을 것이다.

• IP-C-E-O Model 프로젝트중심협업모형

Issue-Posting	교육을 통한 문제제기	2명의 전문가가 이슈에 대해 강의(20%)
Collaboration	조별토의를 통한 아이디어 도출	열린토론 → 자기조직화(70%)
Elaboration	발표 · 평가(Peer Review)	발표와 상호평가(10%)
Outlying	사후관리를 통한 실적화	멘토링을 통한 아이디어 구체화 및 실적화

[그림 4-4] KAIST IP-CEO 협업모형

사회가치창출형 팀프로젝트 중심 교육 모형의 진행과정을 보다 구체적인 살펴보기 위해 현재 KAIST에서 운영되고 있는 KAIST IP-CEO과정(IP영재기업인교육원)[4]의 사례를 소개하고자 한다.

전문가 두 사람이 각자 다른 관점에서 바라본 사회의 쟁점을 제시(Issue-Posting)하는 것에서 교육이 시작된다. 그 이후 협업(Collaboration)을 통해 학생들이 팀을 구성하여 토론하고, 협력하여 해결방안을 도출해 내는 활동을 진행한다. 이렇게 아이디어가 구성되면 관련 분야의 전문가와 동료 학생들 앞에서 발표(Elaboration)하고 상호간 피드백을 하는 과정을 가지고, 이를 통해 아이디어를 구체화하는 과정을 거치게 된다. 이렇게 구체화된 아이디어는 특허와 사업계획서 작성을 통해 구체화된 결과물로 완성

---

4) KAIST IP영재기업인교육원은 '지식재산에 기반을 둔 창의적인 아이디어로 사회에 가치를 창출하여 혁신을 주도하는 융합인재 육성'을 목표로 미래사회에 대한 문제포착 능력, 그리고 이를 해결하는 다양한 기술적 역량 등을 키우기 위한 교육 과정이 구성되어 있다. 이를 줄여 IP-CEO과정이라 통칭하고 있다.

* IP(intellectual property)는 '지식재산'이라는 의미에서 확장하여 '남들과 다르게 생각할 줄 아는 사람(creator)'이라는 개념을 포함.

* CEO는 기업가/창업가의 특성인 '기업가정신으로 끊임없이 도전을 통해 혁신을 이루고 가치를 창출하는 혁신자(innovator)'의 개념을 포함.

이 되고 성취를(Outlying) 얻게 되는 것이다. 학생들은 프로젝트 중심 교육을 통해 어떤 주제나 사회적 문제가 주어져도 팀을 구성하여 토론과 협업을 통해 결과를 만들어 낼 수 있다. 지식 자체가 아니라 학습하는 방식을 배우게 되는 것이다.

앞에서 제시한 IP-CEO 협업모형에 따른 프로젝트 과정을 통해 최신 기술인 '블록체인(block chain)'을 주제로 한 사회가치창출형 팀 프로젝트 중심 교육 예를 살펴 보면 다음과 같다.[5]

■ Issue Posting

> **Issue Posting**
> 블록체인이란 무엇인가?(ETRI 블록체인 기반 설계 및 개발 전문가)
> 블록체인 기술의 개념 및 활용 전망(한국정보기술응용학회 전문가)

사회문제를 포착하는 것이 사회가치창출형 팀 프로젝트 교육의 첫 단계이며 실제로 의미 있는 사회문제를 포착했을 때 동기부여가 강화된다. 필요한 지식은 학생들이 스스로 인터넷 등을 통해서 획득할 수 있고, 현실의 문제를 풀어가는 과정에서 학생들은 관련된 복합적인 기술들을 이해하게 된다. 이 교육의 핵심은 현장의 문제를 도출하는 것이다. 그런데 대부분의 교사들이 사회문제에 대한 다양하고 깊이 있는 화두를 제시하는 것이 어려울 수 있다. 이

---

5) 본 사례는 KCERN의 37차 공개포럼 '협력하는 괴짜와 평생교육' 중 KAIST IP영재기업인교육원의 교육을 바탕으로 작성 · 발표한 내용을 발췌하여 수정 · 보완하였음.

를 해결하기 위해서 you-tube나 TED와 같이 온라인에 공유되어 있는 다양한 최신 강연들을 활용할 수 있다. 또는 주변의 대학이나 연구소, 기업체와 같은 곳과 협력하여 문제를 도출할 수 있다. 따라서 학교들이 교육에 사회를 융합하기 위해서는 사회와 협력해야 할 필요성이 제기된다.

■ Collaboration

화두가 제시되면 학생들은 협력을 통해서 자기 팀에 적절한 과제를 스스로 찾아내야 한다. 사회가치창출형 팀프로젝트 교육의 첫 단계가 바로 문제를 발견하는 역량을 키우는 것이다. 학생들은 팀 활동을 통해 제시된 화두에서 사회 문제 방향을 도출하고 거기에 따른 해결 방안을 모색하게 된다. 문제의 발견은 사회문제를 해결하여 가치를 창출하고 비용을 낮추는 방향으로 이루어진다. 학생들은 한 번에 대안을 찾아내는 것이 아니라 지속적인 피보팅 과정을 거쳐 더 나은 문제를 찾아나간다. 문제를 찾은 후에는 남들이 제시하지 못한 대안을 찾아내게 된다. 독창적인 대안을 제시하기 위해 이 과정에서 선행 기술에 대한 검색과 분석이 필요하다. 이를 통해 자신들의 아이디어의 차별화 방안을 제시할 수 있게 된다.

Collaboration

주제: 블록체인에 대한 강연을 바탕으로 현재 또는 가까운 미래기술에 블록체인을 활용하거나 관련 서비스 또는 제품을 위한 아이디어를 도출하세요.

단계	핵심사항	참고사항
단계 1: 목표 설정 (문제상황 파악)	우리의 목표는 무엇인가요?	현재 블록체인 관련 연구가 활발히 진행되고 있습니다. 이에 따라 가까운 미래에 지금은 하지 못하는 문제를 해결하거나, 불편한 방식을 쉽게 변화시켜 사람들의 삶을 편리하고 이롭게 할 것입니다. 우리는 무엇을 목표로 해야 할까요? 이 과정에서 다음과 같은 질문들을 활용할 수 있습니다. ① 블록체인과 관련하여 개선이 필요한 사항들은 무엇인가? ② 현재는 어떤 문제나 불편함이 있는가? ③ 향후 가까운 미래에는 현재와 무엇이 달라질까?
단계 2: 사실 확인 (선행기술 및 서비스 현황 조사)	여러분의 목표와 관련하여, 현재 블록체인 기술 개발 수준은 어떠하며, 유사한 서비스는 어떤 것이 있을까요?	강연 자료의 내용과 인터넷 검색을 통해 여러분의 목표를 달성하는 데 필요한 블록체인 기술은 현재 어느 수준에 와 있는지, 앞으로 얼마나 발전할지, 유사한 제품이나 서비스가 있는지 알아보세요. Naver, Daum 등 한글 포털사이트뿐만 아니라 Google 등을 활용한 해외 자료를 활용해도 좋고, KIPRIS 등을 활용한 특허와 연구논문 결과를 참고하셔도 됩니다. 필요하면 구글 번역 사이트를 활용하는 것도 좋습니다.
단계 3: 문제 설정 (세부문제)	여러분의 목표 달성을 위해 구체적으로 해결해야 하는 문제는 무엇인가요?	1단계 목표 설정에서는 현재 문제 상황을 파악하고 문제가 해결되는 미래의 모습을 목표로 설정했다면, 3단계에서는 구체적으로 새로운 제품이나 서비스를 통해 개선되어야 하는 문제가 무엇인지 설정하는 것입니다. (1단계 목표가 구체적인 문제에 대한 해결이라면 중복될 수도 있습니다.) 문제를 설정하고 나면, 다음 질문을 통해 문제를 점검할 필요가 있습니다.

		① 그 문제가 우리의 목표를 달성하는 데 적절한가? ② 우리의 목표를 달성하기 위해 해결해야 할 다른 문제는 없는가? ③ 왜 그것이 문제인가? 그것이 문제인 이유는 무엇인가? 다음으로, 2단계 사실 확인을 통해 기술개발 수준이 너무 낮아서 실현이 어렵거나, 반대로 이미 유사한 기술개발 및 서비스가 이뤄지고 있는 경우, 문제를 다시 설정하여야 합니다. 전자의 경우 가까운 미래에 아무도 할 수 없으며, 후자의 경우 우리가 아닌 다른 사람들이 해결할 것이기 때문입니다.
단계 4: 아이디어 생성 (문제해결 아이디어 내기)	목표달성/문제해결을 위한 제품 또는 서비스 아이디어는 무엇인가요?	여러분이 설정한 목표 달성과 문제를 해결하는 아이디어는 무엇인가요? 30분 정도 시간을 정해 놓고 팀원들과 서로 자유롭게 아이디어를 내고, 그것을 잘 보이게 기록하세요. 처음부터 하나의 좋은 아이디어를 고르려 하지 말고, 생각나는 대로 여러 아이디어를 기록하도록 하세요. 10분 정도 쉬거나 간식/식사 등 휴식을 한 다음, 다시 30분 정도 시간을 정해서 추가로 아이디어를 내고 기록하세요.
단계 5: 해결 방법 찾기 (최선의 해결책 선택)	여러 아이디어 중 우리 팀의 해결책은 무엇인가요?	4단계에서 나온 아이디어를 평가하여, 팀의 해결 방법을 선택하세요. 이때 직관적으로 좋은 아이디어로 보이는 것을 선택하지 말고, 아이디어 평가 기준을 마련한 다음, 각각의 아이디어가 얼마나 좋은지 판단하세요. 예를 들면 다음과 같은 기준을 활용할 수 있습니다. ① 1단계 목표를 달성하는가? ② 3단계 문제를 해결하는가? ③ 곧 가까운 미래에 실현될 수 있는 아이디어인가?(기타 가능한 기준을 추가하라) 기준에 따라 가장 우수한 아이디어 1개와 2, 3위 아이디어 2개를 더 고른 다음, 가장 우수한 아이디어에 대해 세부적인 사항을 논의하여 채워 나가도록 합니다.

| 단계 6:
해결 방법
상세화
(구체적
내용) | 1~5단계 토론
내용을 활용하여,
팀 해결 방법의
구체적인 사항을
정리하세요. | 복표는 무엇이며(1단계), 어떤 문제를 해결하기
위해(3단계), 어떤 아이디어를 냈는지(4~5단계),
현재 기술 개발 현황에 비추어 실현가능성과 차
별성은 무엇인지(2단계)를 정리하세요. 발표자료
에는 다음 항목과 내용이 포함되어야 합니다.
① 해결하고자 하는 구체적 문제 혹은 목표
② 팀의 문제해결 아이디어: 제품의 경우 어떤 기
능을 하여 사람들에게 어떻게 도움을 주는지,
서비스의 경우 어떤 방식으로 제공되며 사람들
에게 어떤 이로움을 주는지 구체적으로 기술
③ 관련 선행 기술개발 및 특허 현황, 제품이나
유사 서비스 현황과 차별성 |
| 단계 7:
향후 계획
-선택사항 | 지금 학생인 우
리는 향후 가까
운 미래에 우리
팀의 아이디어를
실현하기 위해서
지금부터 어떻게
해야 할까요? | 특정 학교를 진학하는 것은 계획이 아닙니다. 본
인이 생각하는 분야 외에도 더욱 영역을 확대하
여 전자, 전기, IT 기술분야로 진출하고자 하는 학
생은 앞으로 어떤 전문성을 갖추기 위해 노력할
지 생각해 보도록 합시다. |

■ Elaboration: 발표와 피드백, 동료 평가

발표는 발표자의 분석적이고 비판적인 사고와 읽기 능력을 증진
시키고 발표 주제에 대해 교사와 학생들이 서로의 관점에 대해 공유
하도록 한다. 또한 자신의 흥미에 적합한 주제를 선택하여 수행하는
것이므로 학생들에게 자신의 흥미분야를 발견하고 좁혀갈 수 있는
기회를 제공한다. Morita(2000)는 발표수업에서 발표를 중심으로 발
표자와 청중의 관점에서 모두 학습의 효과를 얻을 수 있다고 하였다.

따라서 프로젝트의 결과를 공유하고 상호평가에 참여하는 것이
집단 학습과정이다. 발표 과정 동안 학생들은 다른 팀들이 긴 시간

동안 수집한 정보와 아이디어를 압축적으로 볼 수 있다. 또한 프로젝트 중심교육은 정답이 없다. 정답이 없는 교육을 객관적으로 평가할 방법은 사실상 없으며 교사가 혼자 평가하는 것 역시 어려울 수 있다. 이를 극복하기 위해서 동료평가도 중요한 과정 중 하나이다. 학생들은 동료평가를 통해 짧은 시간 내에 다른팀의 아이디어를 압축 학습하고, 어떤 고민을 통해서 문제를 풀어왔는지를 배울 수 있다. 이런 과정에서 집단지능이 작동하고 평가가 이루어질 수 있다.

Elaboration

발표사례: 상품에 대한 정확한 정보를 알려주는 Product DB Block Chain Network 아이디어는 정부와 연관된 아이디어 사이에 위조품을 구별하겠다는 아이디어로 참신하다는 평을 받음

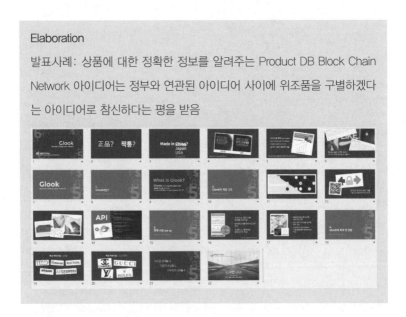

■ Outlying: 성과도출

아이디어를 가치로 전환하기 위해서는 실제 사회에서 사용될 수 있는 성과물로 나타나는 것이 필요하다. 따라서 이후 교육을 통한 사업계획서나 특허 혹은 프로토타입 형태의 산출물을 만들어 내는 과정을 통해 성취를 얻게 된다.

Outlying

이후 교육을 통한 사업계획서 작성 및 특허출원 진행

특허출원 사례

• 분산 네트워크 구조에서의 신원 확인을 위한 장치 및 방법

• 블록체인 공개 장부 구조에서의 데이터 접근 시 보안 유지를 위한 장치 및 방법

이때 학생들이 원하는 분야에 대해 학습할 수 있도록 유도하고 기존 교과와 온라인 강의를 활용하여 교사는 내용 위주 교육시간을 줄이는 대신, 프로젝트를 수행하는 학생 개개인의 장점과 역량 신장에 중점을 두고 학생들이 자율적으로 교과를 구성할 수 있는 코디네이터 혹은 멘토 역할을 수행해야 한다. 궁극적으로 과학기술을 활용한 사회문제 해결과 삶의 질 향상을 통한 부가가치 창출이 필요하다. 이를 위해 사회 문제와 교육을 융합하는 프로젝트 중심 교육프로그램을 통해 장기적 기술변화를 예측한 아이디어를 창출하고, 여기에 기업가정신을 강화하여 실패를 두려워하지 않고 창조적으로 도전하여 사회적 가치를 만들어내어 이것이 자연스럽게 창업과도 연계될 수 있도록 선순환 체계를 구축해야 할 것이다.

■ 사회가치창출형 과학영재 교육프로그램 예시: KAIST IP-CEO 과정[6]

KAIST에서는 특허청의 지원으로 IP영재기업인교육원을 운영하고 있다. 이 과정을 IP-CEO과정이라 지칭하고 있으며 '지식재산

---

6) 교육원 홈페이지, http://ipceo.kaist.ac.kr

교육원 You-tube Chanel, https://www.youtube.com/ccekaist

에 기반을 둔 창의적인 아이디어로 사회에 가치를 창출하여 혁신을 주도하는 융합인재 육성'을 목표로 매년 중학생 80여 명을 선발하여 2년간 교육하고 있다. IP-CEO 과정에서는 미래를 선도해 나아갈 인재상으로 '전문성 이외에도 창조성과 협업능력을 갖춘 인재로 나아가 세상의 더 큰 행복을 위해 사회에 공헌할 수 있는 인재'로 정의하고 새로운 시대를 이끌어 나갈 학생들이 미래사회의 니즈 파악과 문제포착 능력, 그리고 이를 해결하는 다양한 기술적 역량 등을 키우기 위한 교육 과정을 구성하고 있다. 영재기업인 양성을 위해 창의적 문제해결력, 도전정신, 수학과학 성취도, 지식재산 전문성, 자기주도 학습능력, 리더십, 커뮤니케이션, 기업윤리, 협업능력, 가치창출, 미래통찰력, 창의적 사고력을 역량으로 정의하고 있다(한국발명진흥회, 2016).

IP-CEO 과정의 핵심은 IP(지식재산)와 기업가정신으로 미래 사회 문제를 해결함으로써 새로운 가치를 창출하는 교육과정이다. 특히 미래 사회에 대한 이해와 통찰력을 함양하여 문제를 발견하

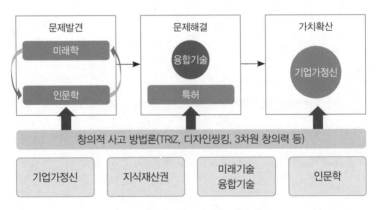

[그림 4-5] KAIST IP-CEO 교육 구성

기 위한 역량을 갖추기 위해 미래학과 인문학 교육이 진행되며 문제를 해결하는 방법으로 융합기술을 활용하고 이를 지식재산으로 창출하는 교육을 진행하고 있다. 나아가 세상에 가치를 창출하고 확산시키기 위해 기업가정신 교육이 진행된다. 이상 IP-CEO 과정의 교육 분야는 미래학, 인문학, 융합기술, 지식재산, 기업가정신이다.

교육방법은 온·오프라인 교육을 병행하는 Blended Learning으로 구성되어 있으며, 온·오프라인 교육으로 진행되는 교육프로그램에서는 온라인에서는 학생들이 기본적으로 갖추어야 할 지식들을 스스로 학습할 수 있도록 하고, 오프라인 교육에서는 CPS(Creative Problem Solving) 기반의 PBL(Problem Based Learning)교육을 중심으로 협업을 통한 팀 프로젝트 교육활동을 진행하고 있다.

[그림 4-6] KAIST IP-CEO 온라인 교육

IP-CEO 과정에서는 사회적 문제 해결을 위해 문제 상황을 찾고 이를 해결하기 위해 창의·융합적 역량을 바탕으로 아이디어를 창출하고, 이를 구체화하여 제품 또는 서비스의 형태로 제안(특허, 사업계획서, 프로토타입 제작 등)할 수 있는 역량을 동시에 함양하고 있다.

문제발견 및 문제해결능력 향상
프로젝트 중심 협업교육: 창조성, 도전정신 및 협동심 배양

미래기술 프로젝트	BT · CT · NT · ST · IT 등 미래기술분야 학습 협업활동을 통해 미래기술에 대한 아이디어 도출
기업가정신	도전정신 함양을 위한 특강 및 멘토링 기회 포착 및 가치 창출 아이디어 도출 비즈니스 모델링/사업계획서 작성
지식재산창출	특허명세서 작성 및 출원 창의적 아이디어 도출 방법론(TRIX, 디자인씽킹) 특허전략 및 특허법
멘토링	CEO와의 만남 영재 정서/진로 지원 프로그램 지재권 멘토링, 아이디어 멘토링 등
MAKER	S/W 및 H/W: 아두이노, 파이썬, 3D프린팅, 프로토타이핑 메이커 디자인, UI/UX
C&C 프로젝트	Creativity & Collaboration Project 전문성 및 개발역량 강화 관심분야가 유사한 학생들이 팀을 구성하여 장기 프로젝트 진행, 프로토타입, 특허, 사업계획서 등 도출 주제: 블록체인, 홈페이지개발, 디자인설계, IoT 등

[그림 4-7] KAIST IP-CEO 오프라인 교육

Chapter 5

4차 산업혁명시대
과학영재 교육방법 혁신전략

4차 산업혁명시대는 과학기술과 다양한 분야가 융합하는 시대로 새로운 것을 창출할 수 있는 인재의 육성이 중요해지고 있다. 특히 과학기술의 발달로 새로운 정보와 지식이 폭발적으로 생산되며, 지식의 생명주기가 짧아지기 때문에 지식을 습득하고 정답을 빨리 맞추는 것을 강조하는 기존의 교육은 적합하지가 않다. 미래사회의 인재에게 요구되는 것은 지식의 활용능력이며, 비판적 사고 능력, 창의적 문제해결 능력, 의사소통 능력, 협업 능력 등과 같은 핵심역량들이 중요해지고 있다. 이와 같은 역량을 배양하는 교육을 위해서는 교육내용의 변화도 필요하지만 교수·학습과정, 교육환경 등 교육방법의 변화를 요구한다.

전통적 개념의 교육은 특정 장소에서 교사는 가르치고 학생들은 배우는 것을 떠올리게 된다. 그동안 교육을 개혁하려고 하는 대부분의 노력들은 이와 같은 전통적인 교육의 틀 속에서 제한적으로 이루어져 왔다. 하지만 4차 산업혁명시대 과학기술의 발전으로 초지능, 초연결 사회가 되면 교육의 양상은 근본적으로 변화하게 될 것이다. 미래에는 장소에 구애받지 않고 언제 어디서나 연결해 학습할 수 있는 온라인 수업이 가능할 것이기 때문에 교육 장소는 중요한 문제가 아닐 것이다. 특히 이와 같은 온라인 수업은 교육장소뿐만 아니라 교육에 참여하는 교사와 학생의 제약이 없어지게 되므로 훨씬 다양한 교육이 가능하게 된다. 이와 같은 환경에서는 학생 개개인의 수준, 관심 및 학습스타일을 반영하여 학습내용과 학습속도를 다르게 할 수 있는 개별화 맞춤형 교육이 활성화될 것이다.

학습자는 스스로 자신의 교육과정을 설계하는 의사결정자로서 역할이 점점 더 강조될 것이다. 또한 미래 교수자의 역할은 지식 전달이나 전수가 아니라 스스로 학습하는 방법을 습득할 수 있도록 도움을 주는 코칭이나 멘토링이 될 것이다. 이와 같은 온라인 교육의 등장으로 오프라인 교육도 변화가 필요할 것이다. 학습환경이란 물리적 환경뿐만 아니라 심리적 환경을 포함한다. 학생 개인별로 선호하는 학습환경이 다르기 때문에 학습자 중심의 유연하고 자유로운 학습환경이 조성될 필요가 있다. 학교라는 울타리를 벗어나 다양한 전문기관들을 활용한 교육이 활성화될 것이며, 실제적인 문제상황 속에서 이를 해결하는 경험을 쌓게 될 것이다. 교육 현장에서 ICT 기술이 점점 더 많이 활용되면서 디지털 기반의 자료들을 직접 이용하여 문제를 다루는 생동감 있는 교육이 이루어질 뿐만 아니라 집단지성과 협업이 강조되는 공유학습 중심의 교육으로 변화할 것이다. 특히 협력적 문제해결 과제에 참여함으로써 비판적 사고력, 창의적 문제해결력, 의사소통, 협력 등의 능력을 배양할 수 있을 것이다.

4차 산업혁명시대이라는 환경의 변화는 이미 교육에 큰 변화를 일으키고 있다. 과학영재교육에서도 이와 같은 변화를 적극적 반영하여 교육을 새롭게 혁신해야 할 것이다.

01
해외 교육혁신 동향

4차 산업혁명의 변화에 있어서 가장 중요한 것은 인재를 양성하는 교육혁신이며, 교육의 혁신이야말로 4차 산업혁명의 성공에 있어 가장 중요한 요소일 것이다. 이에 해외의 혁신적인 교육 운영 사례를 살펴보면서 미래의 과학영재 교육방법의 시사점을 찾아보고자 한다.

⚙ 온라인 교육 활성화

1990년 후반부터 등장한 온라인 교육은 교사와 학생이 물리적으로는 떨어져 있지만 컴퓨터와 인터넷을 기반으로 온라인의 공간에서 만나 교수-학습 활동을 수행하는 교육의 형태로, 기존 교실 수업의 시간적, 공간적인 제약을 넘어 학습자가 언제, 어디서나 교육에 참여할 수 있는 학습환경을 제공하고 있다. 또한 인터넷의 강력한 커뮤니케이션 기능으로 상호작용적, 협력적인 교수-학습을 가능하게 할 뿐만 아니라 교실수업에서 제공해 줄 수 없었던 다양한 형태의 학습에 학습자들이 능동적으로 참여할 수 있는 기회를 제공하면서 교육에 큰 변화를 가져왔다. 실제로 온라인 교육은 오프라인 교육을 확장하여 교육 콘텐츠의 다양화, 교육의 접근성, 교육 기회 확대에 큰 기여를 해왔을 뿐만 아니라 인터넷이 가진 장점을 활용하여 수평적인 상호작용, 멀티미디어의 활용 등과 같은 다양한 교육경험을 확대해 왔다.

그러나 한편으로는 대부분의 온라인 교육이 사이버대학, 학교 시스템, 강의실 등 오프라인 교육을 온라인 공간에서 재현하는 데 중점을 두어, 인터넷이 가진 교육적 가능성을 제대로 활용하지 못하고, 나아가 교육 패러다임을 근본적으로 바꾸는 데 기여하지 못한 한계가 있다. 온라인 교육과 관련된 이론은 협력, 상호작용, 연결 등을 강조하고 있지만 동영상 강의 중심의 대량 전달식 패러다임의 한계를 벗어나지 못하고 강의 콘텐츠 전달을 중심으로 제한적으로 이루어져 왔던 것이 사실이다.

최근에 비약적으로 발전하고 있는 네트워크 기술, 빅데이터, 인공지능, 그리고 이를 바탕으로 하는 플랫폼 비즈니스와 같이 4차 산업혁명을 주도하는 기술들은 온라인 교육에 새로운 활력을 불어넣으며 개개인을 위한 최적화된 서비스를 제공하는 것을 가능하게 한다. 가장 특징적인 온라인 교육 사례를 소개하면 다음과 같다.

❶ 개방형 교육 플랫폼 도입

최근 대학을 중심으로 온라인 공개수업(Massive Open Online Courses: MOOCs) 시스템 도입이 확산되고 있다. 온라인 공개수업은 개별 교육기관에서 제공할 수 없는 우수한 교육프로그램에 대해 시간과 지역의 한계를 초월할 뿐만 아니라 나이와 자격에 상관없이 누구나 수강할 수 있다는 점에서 평생교육 플랫폼으로 발전하고 있다. 이와 같은 온라인 교육의 개방성, 유연성, 다양성의 장점은 대학뿐만 아니라 K-12 교육에도 점진적으로 확산되고 있다. 미국의 경우에는 K-12 학생들 중에 온라인 강좌를 수강하는 학생 수가 점차 증가하고 있으며 2020년경에는 학교수업의 절반 정도를 온라인으로 제공할 것이라고 한다(Christensen et al., 2008).

글로벌 교육환경의 뜨거운 감자로 등장한 온라인 공개수업은 2012년부터 주목받기 시작해서 2016년 기준 550개 대학의 4,500개 프로그램을 제공하고 있으며, 등록자 수는 3천 5백만 명에 이른다. 대표적인 기관으로는 스탠퍼드 대학 중심의 '코세라(Cosera)', MIT와 하버드 대학 중심의 '에덱스(Edx)', 구글에서 출발한 '유다시티(Udacity)'가 있다. 초·중등학생을 대상으로 한 온라인 공개수업도 활성화되고 있는데 온라인 플랫폼인 칸 아카데미(Khan Academy)는 교육용 동영상 5,500개(조회 수 4억 5천만 회), 연습문제 10만 개(응시 횟수 20억 회)를 무료로 제공한다. 2014년 당시 월 순 방문자 수는 2010년에 비해 70배 증가한 1000만 명이며, 유효 출석 수는 잉글랜드 초등학교 및 중·고등학교 학생 수를 합친 것보다 많다. 다양한 주제에 걸쳐 풍부한 지식을 갖춘 사람들이(10분 전후 동안) 강연한 내용을 온라인에 모아놓은 TED는 2012년 하반기에 조회 수 10억 회를 달성했다. TED-Ed는 TED를 기반으로 수업을 구성하게 도와주는 플랫폼이다.

온라인 공개수업은 특정 기관에서 제공할 수 없는 다양한 교육

콘텐츠를 제공하므로 학습자의 관심과 수준에 적합한 교육이 이루어질 수 있다. 또한 학습자의 열정과 능력에 맞게 학습 속도를 조절할 수 있으며, 필요에 따라 학습경로를 변경하는 등 유연한 학습환경을 제공할 수 있다. 특히 디지털화된 교육자료는 새로운 첨단 지식에 대한 요구를 쉽게 반영할 수 있으며, 증강현실(AR)과 가상현실(VR)을 통한 실감나는 학습경험을 제공할 수 있다. 온라인 공개수업의 특성을 잘 나타내는 구체적인 사례를 살펴보면 다음과 같다.

■ 사례 1

개방형 교육 플랫폼 Udemy

Udemy(유데미)는 플랫폼 기반의 온라인 강의 서비스이다. Udemy는 언제 어디서나 누구나 원하는 강의에 쉽게 접근하여 수강할 수 있도록 강사와 학생을 연결하는 플랫폼만 제공한다. 즉, 강의를 제공하고 싶은 사람은 누구나 쉽게 선생님이 되고 또 누구나 강의를 수강할 수 있는 플랫폼으로, 강의 주제나 강의 방식의 제한이 없다. 교육 플랫폼으로써 Udemy의 특징은 교육 제공자가 한정되어 있는 기존의 교육기관에 비해 교육 수요자가 원하는 다양한 강의를 제공할 수 있다는 것이다. 2016년 8월 기준으로 전 세계 12,000,000명 이상의 학생들이 20,000명 이상의 선생님이 제작한 40,000개 이상의 코스가 존재하며, 80여 개 언어로 제작돼 있다.

❷ 에듀테크를 활용한 개별 맞춤형 교육 플랫폼 도입

표준화된 교육과정에 의한 획일화된 교육은 단기간에 중요도 높은 핵심 내용을 다수에게 제공할 수 있다는 점에서 1~2차 산업혁명시대에는 효과적이었으나, 문제해결력과 창의성, 유연성 등과 같이 4차 산업혁명시대에 요구되는 핵심역량들을 효과적으로 계발하기 위해서는 학습자의 흥미와 관심, 수준에 따른 맞춤형 교육을 제공하는 것이 필요하다. 1980년대 개인용 PC가 등장하고 1990년대 인터넷이 등장했을 때 교육학자들은 개별 맞춤형 교육이 가능해질 것이라고 기대했으나 그동안 개별 맞춤형 교육은 매우 제한적으로 이루어져 왔다. 4차 산업혁명을 주도하고 있는 빅데이터, 인공지능과 같은 기술들은 다시 한번 개별 맞춤형 교육에 대한 기대를 품게 한다.

최근의 온라인 교육은 지능정보기술이 가능케 한 다양한 에듀테크(Education+Technology: Edu Tech)를 활용함으로써 학생 개인의 필요와 학습능력에 맞는 개별 맞춤형 교육이 가능하게 하고 있다. 즉, 에듀테크에서는 인공지능과 교육을 접목하여 인공지능 요소가 가미된 어플리케이션 기반의 교육서비스, 인공지능 대화형 로봇교사 등과 같은 적응학습(adaptive learning)을 통해 개인 맞춤형 학습을 제공하고 있다(홍정민, 2017). 요컨대, 다양한 에듀테크를 활용한 개별화 학습(personalized learning)에서는 학습자가 학습에 참여하는 동안에 나타낸 반응(정보)을 체계적으로 수집하고, 고도의 빅데이터 기술과 인공지능을 활용하여 학습수준을 진단하고 분석함으로써 학생에게 적합한 교육내용과 교육방식을 찾아서 맞춤형 개별학습 서비스를 제공하게 된다. 이와 같은 맞춤형 개별학습을 통해 학생들은 자신들의 관심과 수준에 적합하고 본인의 학습 속도와 학습스타일에 최적화된 교육을 받을 수 있을 것이다. 이렇듯 지능정보기술을 기반으로 한 에듀테크는 21세기 교육의 핵심으로 자리 잡을 것으로 예상되며 발전 속도가 더욱 가속화될 것으로 기대한다. 에듀테크를 활용한 개별 맞춤형 학습의 구체적인 사례를 살펴보면 다음과 같다.

■ 사례 2

개별 맞춤형 교육 플랫폼 Knewton

Knewton은 어댑티브 러닝 시스템(Adaptive Learning System)으로 학습자 및 학습활동 데이터 분석을 토대로 학생의 현재 수준과 해당 학생이 이후에 수행해야 할 과제를 추천해 준다. 또한 학습활동 데이터를 분석, 시각화하여 교사 및 학생이 한눈에 볼 수 있도록 제공한다. 이 밖에 제공되는 이수 여부 또는 접속 정도를 분석하여 콘텐츠의 난이도, 몰입도 등을 보여 주어 콘텐츠를 개선하는 데 필요한 정보를 제공한다. 실제 Knewton 시스템을 활용한 Arizona State University에서는 17% 수료율 상승과 56%의 탈락률 하락을 가져왔으며, Northeastern Illinois University에서도 수학과목에 있어 학생들의 평균 12.5점 성적 향상을 가져오는 등 맞춤형 학습 시스템의 효과를 증명해 보이고 있다.

⚙ 온-오프라인 교육의 연결: 미국 미네르바 스쿨
(Minerva School): www.minerva.kgi.edu

미네르바 스쿨은 2011년에 설립되어 2014년부터 학생을 받기 시작한 신생 대학교이지만 최근 들어 미네르바 스쿨은 혁신교육의 대표적인 기관으로 불린다. 현재 많은 대학들은 1900년대에 이루어지고 있던 교육방식 그대로 강의실에서 교수들이 지식을 전달하는 수업방식을 유지하고 있으며, 사회적 변화가 급격히 이루어졌는데도 불구하고 교육내용이나 교수방법에서의 변화는 적다.

미네르바 스쿨은 4년 과정의 예술인문학, 컴퓨터 과학, 자연과학, 사회과학, 경영학 전공의 5개 학부 전공과 응용예술과학, 응용분석학의 2개 분야의 석사학위 전공 체계를 가지고 있다. 미네르바 스쿨의 교육철학은 학생중심의 교육과정을 통해 실제로 적용할 수 있는 기술과 지식을 길러주기 위한 비판적·창의적 사고와 의사소통, 협업 능력을 길러주기 위한 교육을 추구하고 있다(국제미래학회, 한국교육학술정보원, 2017).

미네르바 스쿨은 캠퍼스도 강의실도 없이 세계 7개 도시(미국-샌프란시스코, 아르헨티나-부에노스아이레스, 영국-런던, 독일-베를린, 인도-하이데라바드, 대한민국-서울, 대만-타이페이)를 중심으로 수업이 이루어진다. 1학년은 대학본부가 있는 샌프란시스코에서 공부하고 2학년부터는 6개 도시를 한 학기씩 체류하면서 다양한 문화체험과 더불어 주변 환경과 적극적으로 교류를 하면서 직·간접적 경험을 통해 교육이 이루어지도록 하고 있다(교육위키, 2018). 학생들은 4년간의 재학 기간 동안 다양한 학습을 경험하게 되는데,

배운 내용을 실제 상황에 적용해 볼 수 있는 도전적인 프로그램들에 참여하게 된다. 예컨대 자신이 살고 있는 도시의 시민단체와 협업하는 활동 등을 통해 실제 기술뿐만 아니라 인성도 함께 기른다. 같은 방식으로 학기마다 4번의 프로젝트 과제에도 참여하여 필수적인 능력을 기르게 된다. 미네르바 스쿨은 비록 온라인 기반의 수업을 운영하지만, 홈스쿨링과는 다른 시스템을 지닌다.

기존 대학의 수업 방식이 지식 전달을 중심으로 한다면, 미네르바 스쿨에서는 거꾸로 교육 방식의 수업을 진행한다. 수업은 특정 주제를 중심으로 토론, 토의, 협동이 주를 이루며 학생의 활동에 대한 피드백이 즉시 이루어진다. 미네르바 스쿨은 모든 학생이 4년 내내 100% 온라인으로 수업을 받는데, Active Learning Forum이라는 플랫폼을 통해 실시간 화상 채팅으로 운영된다. 따라서 학생들은 수업에 참여하기 위해 어딘가로 이동할 필요 없이 자신이 있는 공간에서 편안하게 수업을 들을 수 있다. Active Learning Forum 플랫폼을 통해 개별 수업은 20명 이하로 구성되며, 교수−학습자 간의 친밀한 상호작용이 이루어지며 개별화된 학습과 주기적인 피드백이 제공된다. 또한 온라인상에서는 약 20명의 학생들 간의 끊임없이 토론, 토의가 이루어지기 때문에 한 공간에 모이지 않더라도 충분히 생생한 수업이 가능하며, 팀별 활동도 온라인을 통해 이루어질 수 있다. 또한 교수는 온라인 수업 참여도를 실시간으로 체크하거나 그룹 채팅방이나 그룹 활동 지원, 칠판 활용, 영상통화 등을 할 수 있는 시스템을 갖추고 있다. 이를 통해 학생들은 자신의 강점이나 지적 성장을 좀 더 효과적으로 달성할 수 있다. 특히 미네르바 스쿨은 온라인으로 수업이 이루어지고 있기 때문에 교사 또한 지역의 제약 없이 세계의 유수한 석학들을 교수진으로 영입하여 교육을 제공하고 있다. 교수들은 수업이 온라인으로 이루어지기 때문에 미리 수업과 관련된 내용을 녹화하여 운영하므로 교수들의 수업방법에도 큰 변화가 이루어질 수밖에 없다.

미네르바 스쿨 학생들은 입학 첫해부터 전문성 있는 코치를 배정받는다. 이러한 개별화된 트레이닝을 통해 학생들은 여러 전문적인 경험을 하며, 이를 통해 가치와 목표를 세우며, 자신의 흥미를 기른다. 미네르바 스쿨은 다른 대학과 달리, 학생들이 2학년 가을학기에 들어가기 전 여름방학 기간 동안, 세계의 유수 기업(예를 들어, 아마존, 야후, 젠 펀드, 칼텍 등)에서 인턴십 경험을 하게 된다. 이러한 인턴십 경험을 통해 학생들은 자연스럽게 이력서 작성 등의 실무적인 기술을 익히게 된다. 직업 세계에서의 경험뿐만 아니라 국제적인 행사에 참여하거나 연구를 수행하면서 자신의 경험을 통해 경력을 하나씩 쌓아가는 교육을 받는다.

미네르바 스쿨이 짧은 역사에도 불구하고 교육혁신기관으로 주목받는 이유는 기존의 교육에 대한 고정관념을 깨뜨렸기 때문일 것이다. 지금까지 대학단계의 교육이 고정된 물리적 시설과 한정된 시간에서의 강의, 세부 전공으로 구분된 전공별 교육과정, 지식 중심의 수업 등은 과거 산업화 시대부터 이루어지던 교육이었다. 즉, 학교의 형태, 학교운영자나 교수 중심의 교육에서 미네르바 스쿨은 학교의 형태나 교육체제가 아닌 교육 자체, 즉 학습자에 중심을 둔 교육을 추구하고 있다는 점이다.

⚙ 오프라인 교육: 혁신 학교

Business Insider(2016)에 소개된 해외의 혁신 학교들을 살펴보면, 새로운 기술을 접목하거나 교수방법이나 교육환경의 변화를 시도하거나, 지역사회와 연계한 교육을 통해 혁신적인 교육방법들이 시도하고 있는 것으로 나타났다.

네덜란드 스티브 잡스 학교는 기존의 지식위주의 학습이 아닌 학생 개개인의 학업 수준에 따라 개별화 교육계획을 세우고 개별화 교육계획에 따라 교사, 학생, 학부모가 함께 학생들의 학업수준과 교육계획을 평가하고 조정하는 형태로 교육이 이루어진다. 즉, 교사에 의한 교육이 아닌 학부모와 학생도 학습의 주체로서 참여하여 함께 교육과정을 만들어가고 있었다. 또한, 교육이 지식전달이 아닌 학생들 스스로 호기심과 재능을 발휘할 수 있도록 학년과 나이에 따라 반을 구성하지 않으며, 정해진 틀에 박힌 등교시간이나 교실의 개념없이 학생들 스스로가 자유로운 분위기에서 스마트 패드 등과 같은 Technology를 사용하여 수업이 이루어진다. 또한, 이 학교에서는 교사가 지식전달자라기보다는 학생 개개인의 성장과 발달을 돕는 조언자 혹은 촉진자로서의 역할이 강조되며, 아이 패드를 활용하여 프로젝트 중심의 수업이 이루어지고 있다.

덴마크의 오레스테드 김나지움 학교는 혁신적인 교육을 위해 학교를 3XN 디자인으로 학교를 만들었다. 디자인의 모양이 행동을 결정하기 때문에 학교의 구조를 4개의 부메랑 모양으로 만들고, 건물의 벽을 없애고 큰 유리큐브로 둘러쌓인 개방형의 하나의 큰 교실 형태로 만들어서 학생들이 개방된 공간에서 서로 협력하는 것을 배울 수 있도록 하였으며, 다양한 주제에 대해 유연하게 사고할 수 있도록 가르치고 있다. 즉, 전형적인 사각 모양 교실에서의 강의식 교육에서 벗어나 공간의 변화를 통해 실제 생활에서 일어날 수 있는 다양한 주제들에 대해 유연하게 사고하고 서로 협력하여 문제를 해결할 수 있는 역량을 기르기 위한 교육들이 이 학교에서는 이루어지고 있다. 즉, 공간의 변화가 교육방법의 변화를 이끌어 새로운 교육이 이루어지도록 하고 있다.

퀘스트투런(Quest to Learn)은 2009년 미국 뉴욕시 교육청과 온라인 교육개발 비영리단체인 인스티튜트오브플레이가 공동으로 맨해튼에 설립한 공립 중·고등학교다. 게임과 교육을 접목한 'G-러닝'으로 학습하는 곳이다. 즉, 교과서 대신 학교 교육에 게임 등 디지털 기술을 접목하여 학습이 이루어지는 곳이다. 교육에 게임을 접목한 G(game)-러닝은 21세기 인재 육성에 가장 유용한 수단이라고 보고, 게임을 통해 학생들이 행동하며 배우고, 실패에 대한 두려움을 줄이고 다시 도전하며, 서로 다른 생각을 시험해보도록 하고 있다. 퀘스트투런은 단순히 교실 안에 비디오게임을 옮겨 온 게 아니라 "디지털 미디어, 게임, 온라인 네트워크, 모바일 기술 등을 이용해 학습목표에 맞춰 게임 단계별 과제(퀘스트)를 설계함으로써 학생들의 창의적인 문제 해결을 돕도록 하고 있다. 퀘스트투런 학교의 교육목표는 학생들의 진정한 논리적 사고자이자 설계자로 교육하는 것이며, 단순한 방식으로는 해결할 수 없는 여러 중요한 문제들을 이해하고 다양한 시각에서 바라볼 수 있는 능력을 함양하는 데 있다. 퀘스트투런 학생들은 게임 같은 교육을 받는 것뿐만 아니라 게임을 직접 만들기도 한다. 학생들이 스스로 게임을 만들어

가면서 전체적인 시스템을 볼 수 있는 사고력과 논리력을 기르고 남과 소통하는 법을 배우면서 시스템적 사고, 협동, 창의성, 소통, 문제 해결 능력 등을 키운다. 또한, 게임은 학생들이 실패했을 때라도 다시 도전하도록 동기를 부여하는 데 우수하다(국제미래학회, 한국교육학술정보원, 2017).

학교에서는 공부를 가르치고 마지막에 시험을 본다. 현재의 학교 시스템에서는 시험을 통해 학습을 평가하는데 실패에 허용적인 분위기는 아니다. 그로 인해 실패가 두려워 새로운 것을 시도하지 못하면 경험의 폭이 좁아지고 결국 학습 능력이 떨어지는 악순환이 시작된다. 그러나 게임을 통한 학습에서는 실패가 게임을 마스터하는 데 자연스러운 과정으로 느끼고 실패를 해도 좌절하지 않고 계속해서 도전하고 시도한다는 것이다. 하지만 게임은 가장 높은 레벨을 깨면 그 자체로 평가를 받는다. 게임의 전 과정을 마스터한 것 자체가 충분한 실력을 갖췄다는 증거이기 때문이다. Q2L에서는 학기말 시험을 '보스 레벨'이라고 한다. 비디오게임의 마지막 레벨에서 만나는 가장 어려운 상대자, 막판 '왕'과 대결하는 것이다. 막판 왕을 이기려면 수없는 시도와 실패, 노력이 필요하다. 즉, 시험은 내가 도전하는 것으로 시험을 통해서도 학생들에게 '내가 해냈다'는 성취감을 주는 것이다. 어떤 높은 대상이 나를 평가하고 있다는 주눅감 대신 내가 노력해 이겼다는 자신감을 심어준다.

이상에서 살펴본 바와 같이 새로운 교육혁신은 정형화된 틀에서 벗어나 자율적인 사고, 창의적 사고를 할 수 있는 환경 제공이 필요하며, 이를 바탕으로 관심이나 적성에 따라 개인별 특성에 맞는 교육과정을 제공하고 있었다. 또한, 기존의 정보나 지식을 전달하는 형태의 교육보다는 학생들이 스스로 생각하고 무엇인가를 할 줄 아는 역량 중심의 교육을 강조하고 있었다. 또한, 교수 방법에서도 교사가 중심이 된 수업이 아닌 학습자가 중심이 된 수업을 위해 새로운 과학기술을 접목한 학습관리나 수업(flipped learning)이 이루어지고 있었으며, 더 이상 교실 안이 아닌 학교 밖의 지역사회와 연계한 현장과 연계한 교육들이 이루어지고 있었다. 지식을 전달하거나 가르치기 보다 경험하고 만들어보고 실제적인 문제들을 해결해 보도록 하고 있다. 즉, Less teaching, More Learning, How to learn에 초점을 둔 교육이 이루어지고 있다는 점이 눈에 띤다.

02
우리나라 과학영재 교육방법 현황 및 실태

우리나라 영재교육은 영재학교, 영재학급과 영재교육원에서 이루어지고 있다. 소수의 고등학생을 대상으로 하는 정규학교인 영재학교를 제외하면 대부분의 영재교육은 비정규 영재교육 프로그램인 영재학급과 영재교육원에서 이루어지고 있다고 해도 과언이아니다. 그동안 영재교육이 많이 확대되어 왔음에도 불구하고 영재들의 다양한 교육적 요구에 대한 갈증은 해소되었다고 보기 어려운데, 이는 교육환경과 교육방법에서의 다양성이 부족하여 영재의 특성을 반영한 다양한 교육을 하지 못하고 있기 때문이다.

현재 영재학급이나 영재교육원의 교육환경과 교육방법을 간단히 살펴보면 다음과 같다. 영재교육기관의 운영형태는 모든 프로그램이 오프라인 교육 중심이며, 연간 100시간 내외의 교육을 하고 있다. 학기 중에는 주로 주말 또는 방과 후 교육의 형태로 이루어지며, 방학 중에 2박 3일 정도의 짧은 캠프교육을 실시하고 있다. 교육대상은 초등 4학년부터 고등학교까지 해당 학년별로 영재를 선발하여 교육을 하고 있으며, 일부 사사교육을 제외하면 대부분의 교육은 20명 이하의 학급을 구성하여 집단교육으로 이루어지고 있다. 교육내용은 당해 수업을 담당하는 교사에 의해 정해진 교육이 이루어진다. 학급내의 모두가 동일한 내용을 동일한 시간 동안 수행해야 하며, 주로 1회(3시간 내외)에 해결해야 하는 간단한 지식이나 기능을 습득하는 단편적인 과제들로 이루어져 있다. 학습환경은 영재교육이라고 해서 다른 교육환경이 제공되는 것이 아니라 기존의 교육환경을 그대로 사용하고 있으며, 대부분의 영재교육이 학교라는 울타리 내에서 이루지고 있어 다양한 교육이 이루어지기 어려운 물리적 한계를 가지고 있다. 일부 대학부설 영재교육원의 경우 대학에서 보다 전문적인 인력이 교육을 담당한다는 점을 제외하면 거의 유사한 교육이 이루어지고 있다고 할 수 있다.

영재학자인 Maker와 Nielson(1996)은 영재의 특성을 고려한 교육은 교육내용, 교수학습과정, 산출물, 학습환경의 4개의 차원에서 일반교육과 차별화해야 한다고 제안하였다.

현재 이루어지고 있는 영재교육의 교육방법과 교육환경은 영재들의 다양한 교육적 요구를 충족시키기 어려울 뿐만 아니라 미래사회를 대비한 영재교육을 실시하기 어려운 구조적 문제를 안고 있다. 기존의 교육시스템을 활용한 현재와 같은 영재교육은 조기에 영재교육이 교육현장에 착근되고 확산되게 하는 장점을 가지고 있지만 기존의 교육과 차별화하기에는 어려운 문제점을 낳고 있다.

〈표 5-1〉 Maker와 Nielson의 영재교육 변별과정

구분	영재교육 특성화
교육내용	추상적이고 복잡하며 개별 학생의 흥미를 충족시켜 줄 수 있도록 다양해야 한다.
교수학습과정	개방적이고 허용적인 과정, 선택의 자유, 집단 간의 상호작용, 학습 내용의 제시의 속도 조절 등을 고려해야 한다.
산출물	실제 문제를 다루고, 고차원적인 사고활동을 통해 산출물을 제작해야 하며, 자신이 선택한 형태의 산출물을 제작할 수 있어야 한다.
학습환경	다양한 집단 편성과 유연한 운영이 가능하며, 학생들의 자유로운 이동을 허락하는 학습환경을 조성해야 한다.

특히 미래의 영재교육 측면에서 가장 큰 한계점은 교육의 다양화와 실제적인 문제해결에 대한 교육경험이라고 할 수 있다. 문제점을 좀 더 구체적으로 살펴보면 다음과 같다.

첫째, 현재와 같은 오프라인 중심의 영재교육은 영재들로 하여금 교육프로그램에 대한 선택의 여지가 없이 재학 학교나 거주지역의 영재교육기관에만 참여할 수 있도록 하는 제약이 따르게 된다. 특히 학기 중에 주로 이루어지는 교육상황은 학생들로 하여금 접근이 가능한 지역에 있는 영재교육기관만을 선택할 수밖에 없게 만든다. 둘째, 지역 내의 오프라인 교육형태는 자원의 활용이 제한되어 다양한 교육을 제공할 수 없다. 즉, 학생뿐만 아니라 교육을 담당하는 교사도 지역 내의 자원만 활용할 수밖에 없어 다양한 교육을 제공할 수 없다. 일부 특강의 형태로 다른 지역의 전문인력을 활용하기도 하나 이는 매우 제한적이다. 이와 같은 교사중심의 교육은 첨단과학기술 분야나 융합이 요구되는 주제 등에 대한 교육이 아니라 과거의 학문 중심 교육이 이루어질 수밖에 없는 구조적인 문제를 안고 있다. 셋째, 학교라는 곳은 일반적인 교육을 담당하는 곳이다. 따라서 영재들의 관심을 충족시키기 위한 다양한 주제나 첨단 과학기술에 대한 교육을 하기 위한 시설을 모든 학교가 갖춘다는 것은 효율적이지도 않고 적합하지도 않다. 이와 같은 환경의 제약은 대부분의 교육내용이 학교에서 다루는 교과 내용을 중심으로 이루어질 수밖에 없게 만들고 있다. 영재들이 성장하여 전문성을 발휘할 과학기술 영역의 속도는 엄청 빠르게 변화하고 있는데 현재의 영재교육은 과거의 학문중심의 내용을 조금 심화시키는 정도에 그치고 있는 것은 바람직하다고 할 수 없다. 넷째, 현재의 영재교육과 같은 집단교육의 형태는 학생들의 다양한 학습경로나 학습속도에 대한 개별 맞춤식 교육을 제공하기 어렵다. 특히, 영재교육에서조차도 학년을 바탕으로 그룹을 이루어 교육을 하고 있어 집단 내의 수준과 관심의 차이를 반영하기는 어려워 모두 동질집단으로 간주하고 동일한 교육이 이루어지고 있다.

이와 같은 문제점들은 교사의 전문성이나 열정을 통해 극복하기 어려운 구조적 문제들이다. 현재의 영재교육 환경과 방법도 나름 장점을 가지고 있으므로 이를 보완할 수 있는 영재교육 방법을 제공하는 것은 매우 시급한 과제라고 할 수 있다.

4차 산업혁명시대 과학영재 교육방법 혁신전략

4차 산업혁명시대는 새롭게 나타나는 복잡한 세상의 요구와 문제점들을 해결하기 위해 그동안 학문 또는 기술 분야별로 지나치게 세분화되고 분절화된 전문영역들로 나뉘어 발전해온 것이 한계에 봉착하면서 분야, 영역의 경계를 뛰어넘는 통합, 융합을 통한 창의적 문제해결이 요구되는 시대이다. 따라서 그 어느 때보다 교육에서 융합 또는 통합이 강조되고 있지만 많은 혼란이 있는 것도 사실이다. 융합은 창의적인 산출물을 만들어 내기 위한 중요한 수단이지 목표가 될 수는 없다. 새로운 시대에 요구되는 융합이라는 것은 한 사람이 모든 것을 다 갖추어야 한다거나 미리 정해진 융합내용을 학습해야 한다는 것은 아니다. 새로운 시대가 요구하는 창의적인 문제해결능력을 갖춘 융합인재를 육성하는 전략은 크게 두 가지로 매우 중요하다. 첫째, 얼마나 다양한 분야에서 능력을 갖춘 전문적인 인재들을 길러내는가이며, 둘째, 이들이 서로 협력하여 새로운 것을 창조하는 경험을 쌓게 하는 것이다. 특히 뛰어난 능력을 가진 영재들이 창의적인 융합인재로 성장하기 위해서는 위의 두 가지 요소는 핵심적이라고 할 수 있다.

미래사회는 매우 불확실하고 새로운 지식이 폭발적으로 나타나기 때문에 어떤 내용을 학습해야 한다는 것을 미리 결정하기 어렵다. 이젠 정해진 내용을 누가 빨리 학습하는가는 중요한 것이 아니다. 학습자 중심으로 본인의 관심 영역에 대한 지속적인 학습을 통해 요구를 충족시키고 또 실제적인 문제를 다루면서 경험을 축적하는 것이 필요하다. 새로운 영재교육방법은 영재들의 다양한 교육적 요구를 충족시키며, 영재들이 실제적인 문제를 다루고 해결하는 경험을 쌓게 하는 것이 반드시 충족되어야 한다. 이를 위한 새로운 영재교육 방법의 특징을 제시하면 다음과 같다.

첫째, 새로운 과학영재 교육에서는 다양한 능력을 갖춘 영재를 육성하기 위해 개인의 역량 극대화를 위한 개별 맞춤형 교육을 구현할 필요가 있다. 기존의 표준화된 교육과정에 의한 획일화된 교육은 단기간에 중요도 높은 핵심 내용을 다수에게 투입할 수 있다는 점에서 1~3차 산업혁명시대에는 효과적이었으나, 다양한 문제를 해결하는 창의성과 유연성을 계발하기 위해서는 기존의 집단교육 패러다임에서 개별 학습자 맞춤형 교육으로의 전환이 필요하다. 즉, 학생의 나이와 학년, 공급자가 선택한 교과가 아닌 학생의 흥미와 적성, 수준에 적절한 선택 가능한 개별학습이 이루어져야 할 것이다. 영재는 일반 학습자에 비해 뛰어난 재능과 역량을 지니고 있다는 점에서 차별화되기도 하지만 영재라고 해서 모두 동질집단이라고 생각할 수 없다. 즉, 영재 집단 내에서도 개인에 따라 발달 영역 및 수준이 매우 상이하다. 학생들의 흥미와 성취도가 높은 상관관계를 가진다는 기존 연구결과에 비추어, 학생 흥미를 고려한 학생중심의 교육이 강조되어야 한다. 영재를 비롯하여 많은 학생들이 각자의 열정과 흥미에 따라 학습하게 되면 기대한 것보다 더 많은 것을 성취해내며, 학습효과가 더 오래 지속되기 때문이다. 따라서 영재를 위한 교육에서는 학생 스스로 자신의 교육과정을 고안하는 교과내용 창조자(content-creator)와 의사결정자로서 학생의 역할이 점점 더 강조되어야 한다. 이러한 영재들을 교육하기 위해 학생 관심과 수준에 따른 개별화 교육, 개개인의 잠재력을 극대화할 수 있는 맞춤형 교육, 자율선택형 교육프로그램 강화 등이 필요하다.

둘째, 과학영재들이 창의적인 문제해결능력을 갖춘 전문인력으로 성장하기 위해 실제 문제를 해결하는 과정을 경험할 필요가 있다. 일반적으로 학교에서 다루는 교과지식과 기능들을 습득하기 용이하도록 만든 매우 이상적인 상황이 아니라 복합적이고 융합적인 지식이 요구되는 실제적인 상황 속에서 서로 소통하고 협력하면서 문제를 해결하는 경험이 중요하다. 특히 협력적 문제해결에 필요한 세 가지 역량(공유된 이해를 수립하고 유지하기, 문제해결을 위해 적절하게 행동하기, 팀을 조직하고 유지하기)은 미래의 영재들이 반드시 갖추어야 하는 역량이다.

영재교육은 학습자의 관심사를 반영한 주제와 일상적 삶에 적용 가능한 지식을 제공하고, 교실에서 습득한 지식을 일상에 전이할 수 있도록, '배우는 방법을 배울 수 있도록(learning to learn)' 교수－학습을 기획하는 것이 바람직하다(이근호 외, 2013).

요즘 시대를 읽는 키워드로는 사물인터넷, 인공지능, 빅데이터, 4차 산업혁명 등을 떠올릴 수도 있겠지만 무엇보다 '메이커(Maker)'라는 키워드에 주목해야 한다. 디지털 기술이 빠른 속도로 발전하고 있고, 다른 한편으로는 협업, 공유 기반의 문화가 확산되면서 이른바 '메이커'들이 시대 변화를 이끌어가는 주역으로 떠오르고 있다. 이제 누구나 관심과 열정만 있으면 전문가의 도움을 받아 자신의 아이디어를 설계하고 바로 시제품도 만들 수 있다. 이런 변화의 시대에는 메이커의 역할이 점점 커질 수밖에 없다. 메이커란 어떤 "물건을 만드는" 능력을 키우는 것이 아니라, 학생들 스스로 문제를 찾고, 이를 해결함으로써 "변화를 만드는" 능력을 키우는 것이 본질이다. 그래서 그냥 "메이커"가 아니라, "체인지메이커"로 핵심 화두가 진화한다. 이를 통해 지식 전달이 아닌 진정한 교과 융합이 일어나며, 협력적 문제해결능력과 창의력, 기업가정신을 같이 키우며, 진짜 세상을 대비하는 능력을 갖춘 인재가 된다는 이야기다. 급변하는 세계에서 변화에 끌려가는 것이 아니라, 변화를 이끄는 사람으로 키워내는 것이 목적이라는 의미다. 그러한 점에서 과학영재들에게 문제해결을 위한, 답을 구하기 위한 교육이 아니라 문제의 발견과 설계에 우선적 가치를 두고 변화를 이끄는 교육이 과학영재교육에서 이루어져야 할 것이다.

⚙️ 온라인 교육을 활용한 교육기회 확대와 개별 맞춤형 영재교육

최근에 비약적으로 발전하고 있는 빅데이터, 인공지능, 그리고 이를 바탕으로 하는 플랫폼 비즈니스와 같이 4차 산업혁명을 주도하는 기술들은 예측과 맞춤을 통해 개개인을 위한 최적화된 서비스를 제공하는 것을 가능하게 한다. 실재와 가상을 통합하고 정보기술에 기반한 다양한 문제를 해결하는 창의성과 유연성을 계발하기 위해서는 기존의 표준화된 교육 패러다임에서 개별 학습자 맞춤형 교육으로의 전환이 필요하다. 특히 영재교육은 개별 맞춤형 교육이 보다 강조되며, 영재의 재능과 역량을 효과적으로 계발하기 위해서는 학습자 개별 특성을 파악, 분석하여 맞춤형 교육을 제공해야 하며, 온라인 맞춤형 교육 플랫폼 도입을 통해 이를 실현할

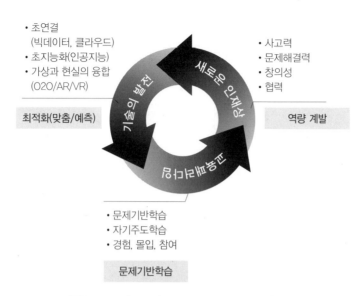

• 초연결
  (빅데이터, 클라우드)
• 초지능화(인공지능)
• 가상과 현실의 융합
  (O2O/AR/VR)

| 최적화(맞춤/예측) |

• 사고력
• 문제해결력
• 창의성
• 협력

| 역량 계발 |

• 문제기반학습
• 자기주도학습
• 경험, 몰입, 참여

| 문제기반학습 |

[그림 5-1] 4차 산업혁명시대 교육 플랫폼에 대한 요구

수 있을 것이다.

　IT 초강국인 우리나라야말로 온라인으로 양질의 교육을 제공하기에 최적인 환경을 갖추고 있음에도 불구하고 아직까지도 온라인 영재교육지원시스템이 없다는 것은 안타까운 일이다. 온라인 교육이 면대면 오프라인 교육보다 교육효과가 부족하다는 부정적 인식과 달리 현재는 기술의 발전으로 온라인 교육의 한계를 극복한 다양한 교육이 이루어질 수 있다. 특히 온라인 교육을 통해 지역의 한계를 넘어서 어디서든지 교육을 받을 수 있게 됨에 따라 기회의 불균형 문제를 가장 효율적으로 해결할 수 있다. 뿐만 아니라 개인의 차이에 따른 수준별 교육도 운영할 수 있으며, 수학, 과학 등 교과의 심화와 다양한 첨단 과학기술분야에 대한 영재들의 관심도 충족시켜줄 수 있다. 특히 전국의 전문가들이 참여한다면 부족한 교원 수급 문제도 해결될 수 있을 것이다. 많은 전문가들이 참여하여 양질의 교육 콘텐츠를 개발하고 이를 오프라인에 설치된 영재교육 기관에서도 활용하게 한다면 교육의 질도 제고될 수 있다. 이와 같이 국가 차원의 온라인 영재교육 지원시스템을 구축하여 운영한다면 영재교육 기회에서 소외된 학생들에게 잠재력을 계발할 수 있는 소중한 계기가 될 수 있을 것이다. 온라인 영재교육기관이 아닌 영재교육지원시스템이라 함은 국가 전체가 공유할 수 있는 공동의 체계로 운영되어야 함을 뜻한다.

정리하면 4차 산업혁명시대 온라인 영재교육은 개별 맞춤형 교육이라고 할 수 있다. 개별 맞춤형 교육을 위해서는 학습 빅데이터 기반의 학습자 진단 및 분석, 맞춤형 콘텐츠와 학습 경험을 제공할 수 있어야 한다. 또한 다양한 교육 요구에 대응하기 위해서는 다양한 콘텐츠의 확보, 즉 누구나 콘텐츠를 생산하고 공유하고 관리할 수 있는 시스템이 필요하다. 무엇보다 4차 산업혁명시대에 핵심적으로 요구되는 복합적 문제해결 능력, 비판적 사고 능력, 창의성, 대인관계 능력, 협업능력 등을 기를 수 있는 콘텐츠 및 학습 경험과 이러한 역량을 지속적으로 누적, 관리, 평가할 수 있는 시스템이 요구된다.

현재, 국내에서는 KAIST 사이버영재교육센터에서 온라인 교육 플랫폼을 기반으로 수학, 과학, SW 분야의 온라인 교육과정을 제공하여 학습자가 관심 및 수준에 따라 원하는 과정을 선택하여 학습할 수 있도록 하고 있다. KAIST 사이버영재교육센터의 온라인 교육 콘텐츠는 문제기반학습(Problem-based Learning) 프로그램으로써 학생들이 실생활 문제를 통해 창의적 문제해결력을 기르는

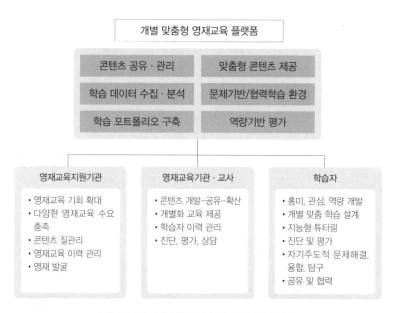

[그림 5-2] 4차 산업혁명시대 영재교육 플랫폼

것을 목표로 한다. 콘텐츠는 온라인 동영상 강의가 아니라 e-Book 형태로 제공되며, 과학 개념을 전달하기보다는 실제적인 문제에 대해 학습자가 관련 지식을 자기주도적으로 학습하고 문제를 해결하도록 하는 형태로 제시된다. 실생활과 관련된 다양한 문제를 해결하는 과정을 통해 학습자들은 수학, 과학 지식의 통합적 활용, 문제해결, 탐구, 창의적 사고 등과 같은 고차적 사고 역량을 계발할수 있다.

이러한 온라인 교육이 현재 KAIST 사이버영재교육센터를 중심으로 제한적으로 이루어지고 있으나, 개방형 플랫폼을 구축하여 영재교육 기관 및 교사 간에 양질의 콘텐츠를 공유하고, 다양한 콘텐츠를 바탕으로 영재학습자에게 맞춤형 교육을 제공한다면 개인

[그림 5-3] PBL 기반 온라인 영재교육 콘텐츠

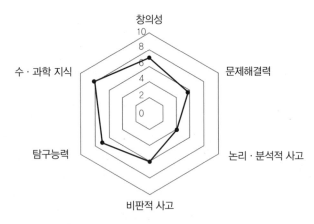

[그림 5-4] 사고력 중심 평가

의 능력 및 수준에 맞춘 개별화 교육, 개개인의 잠재력을 극대화할
수 있는 맞춤형 교육, 학생의 교육 요구에 따른 자율선택형 교육과
정 운영, 주제중심, 프로젝트 중심의 영재교육 프로그램 강화를 위
해 효과적, 효율적으로 운영할 수 있을 것이다.

⚙ 오프라인 교육의 다양화

미래사회에서 활동할 과학영재들의 상상력과 창의성을 배양하기 위해서는 개개인의 잠재력이 최대한 발휘될 수 있는 영재교육의 여건 마련이 시급하다. 영재들의 특성과 요구가 다양함을 고려했을 때 다양한 형태의 영재교육 프로그램이 운영되어야 함에도 불구하고 우리나라 영재교육 프로그램은 획일화되어 왔던 것이 사실이다. 특히 온라인 교육시스템이 도입된다면 이를 보완하고 효율을 높일 수 있는 방향으로 영재교육을 다양화해야 한다.

❶ 집중캠프형 영재교육방법 도입

캠프교육이란 '학교라는 한정된 공간을 벗어나 다양한 학습경험을 갖게 하기 위한 교육활동'으로 정의할 수 있다. 영재교육 분야에서도 캠프교육은 활성화되어 있는데 그 목적에 따라 다양한 프로그램이 운영될 수 있다. 캠프교육이 활성화되어 있는 미국 대학에서 진행하는 영재캠프의 유형을 살펴보면 다음과 같다(이경숙, 2011). 첫째는 속진을 내용으로 하는 캠프로 존스 홉킨스 대학에서 매년 여름에 실시하는 'Center for Talented Youth(CTY)'는 영재 개인들의 인지 필요 및 속도에 맞추어 수업을 진행한다. 둘째는 심화를 내용으로 하는 캠프로 텍사스 주립대학에서 운영하는 'Summer Institute for the Gifted' 캠프는 연구의 기초가 되는 도서관 사용 및 연구 방법, 자료 조사 방법을 배우며, 학생 개별적인 깊은 학문적 연구를 통한 산출물을 캠프 후에 제출하도록 하고 있다. 셋째는 재능 발견 및 진로 계발을 위한 캠프로 다양한 흥미 영역을 선택하여 체험하도록 기회를 제공하고 있다. 미국 텍사스 A&M 대학의 여름 캠프인 'Youth Adventure Program(YAP)'은 초등 5학년부터 고등학교 3학년을 대상으로 다양한 직업 및 재능 영역을 체험할 수 있는 기회를 제공하고 있으며, 창의성 향상을 목표로 하여 운영되고 있다. 넷째는 일대일 멘토링을 내용으로 하는 캠프로, 방학동안 대학교나 기업체를 중심으로 하여 영재 자신의 관심 분야에서 활동하고 있는 전문가, 학자 등과의 개별적 만남을 주선하고, 공동 관심 주제 및 내용에 대해 함께 연구하고, 함께 일할 수 있는 기회를 제공함으로써 영재아의 개별적 인지 필요를 충족시켜 주며, 멘토와의 만남을 통한 사회적 · 정서적 지지도 영재 학생에게 제공하게 된다.

과학교육 분야에서 캠프교육은 진로 탐색을 위한 견학, 탐구과제 수행 등의 활동을 통해 과학에 대한 흥미, 과학적 태도, 창의성 등을 계발할 수 있는 활동으로 오래전부터 많이 활용되어 왔다. 특히 탐구활동을 위주로 진행되는 과학 캠프는 과학에 대한 흥미, 과학적 태도, 창의성 등을 계발할 수 있는 교수학습 방법의 하나로 여겨지고 있다.

많은 연구들에 의하면 과학영재를 위한 캠프교육이 영재들에게 매우 긍정적인 영향을 미치는 것으로 나타났다. 김창만(2005)은 과학 캠프 활동을 통해 학생들이 과학적 사실과 개념을 획득하고 과학적 원리와 법칙에 관한 지식을 이해하게 되어 창의적 탐구능력이 향상된다고 하였다. 공임주(2007)는 과학 캠프의 활동은 학생들에게 과학을 잘할 수 있다는 자신감과 과학지식에 대한 이해의 향상을 가져온 것으로 나타났다. 김현정과 유준희(2006)의 연구에 따르면 과학 캠프는 과학 영재 학생의 이공계 진로선택에 긍정적인 영향을 미치고 있으며, Rinn(2006)은 비슷한 관심사를 가지고 있는 영재학생들과의 만남을 통해 캠프가 영재들의 사회적 자아개념에 긍정적인 영향을 주었다고 보고하였다. Clark(2008)의 주장처럼 영재 프로그램의 주요 목적이 영재들에게 일반 교실에서 충족될 수 없는 그들의 교육적 요구를 충족시키기 위한 기회를 제공하는 것이라는 점을 고려해 볼 때, 과학영재 캠프는 영재들의 탐구심, 인성, 진로 및 사회 정서적 측면을 계발하는 주요한 방법의 하나로 활용될 수 있을 것으로 사료된다.

캠프교육활동은 영재들에게 교육적으로 도움을 줄 수 있다는 것뿐만 아니라 국가차원에서 다양한 자원을 효율적으로 활용할 수 있다는 점에서도 매우 중요한 일이라고 할 수 있다. 즉, 전국의 학생들이 방학 기간을 이용해 지역의 한계를 벗어나 자유롭게 캠프교육에 참여할 수 있을 것이며, 현재처럼 대학뿐만 아니라 박물관, 연구기관 등 다양한 교육기관의 참여와 전문성을 갖춘 다양한 전문인력의 영재교육 참여가 가능해질 것이다.

❷ 프로젝트, 메이커 수업 활성화

4차 산업혁명시대에 미래기술의 발전은 기존에 일반인들이 쉽게 사용하기 어려웠던 전문적인 수준의 다양한 도구들에 대한 접근을 용이하게 하고, 이러한 디지털 도구를 사용하여 실제적인 상황하에서 문제를 해결하는 생산자, 창조자가 될 수 있게 하였다. 즉, 누구나 무엇인가를 재미있게 배우고, 몰입하여 생각하게 하고, 디지털 도구를 활용하여 창의적이고 의미 있는 결과물을 만드는 메이커 활동을 가능하게 하고 있다. 이러한 시대 변화와 요구를 반영하여 세계 각국은 새로운 혁신자이자 창조력을 바탕으로 밀 일자리를 창출해 나가는 메이커를 양성하고 메이커 문화를 확산하기 위해 메이커 운동을 적극적으로 전개하고 있다.

새로운 변화를 초래할 수 있는 창의성, 스스로 행동하는 자발성, 동료와의 협업 및 정보의 공유 등이 요구되는 메이커 활동은 창의성, 융합, 도전정신과 협업이 강조되는 영재교육의 특징과 매우 잘 일치한다고 할 수 있다. 특히, 과학영재들에 대한 교육의 성과를 사회적 가치로 전환할 수 있도록 관련 교육을 운영하고 인프라를 구축하여 선순환할 수 있는 생태계를 구성해야 하며, 과학영재들의 도전역량을 강화하여 새로운 가치를 창출하고, 단순한 아이디어의 발상을 넘어서 세상에 좋은 가치를 제공할 수 있는 메이커로의 융합 인재로서 성장할 수 있도록 해야 한다. 이러한 가치를 창출하기 위해 H/W & S/W에 대한 메이커 역량을 강화하고 이를 지식재산권으로 창출하여 권리화시킬 수 있는 21세기형 융합인재 육성을 위한 교육이 요구된다.

특히 최근 메이커 교육에서는 소프트웨어를 포함한 하드웨어 분야의 교육과 역량 강화에 대한 중요성이 강조되고 있다. 기존에 소프트웨어 분야는 인터넷 산업의 성장과 함께 낮은 비용으로 교육과 참여가 쉬웠던 반면, 하드웨어 분야는 높은 비용으로 어려움이 있었으나 최근 기술의 발달로 개인이 쉽고 편하게 3D프린터, 오픈소스 하드웨어 등을 활용할 수 있게 되면서 비용이 극적으로 감축되며 DIY창조 시대가 도래하였다.

Maker 교육에서는 학생들에게 프로젝트를 중심으로 스스로 문

[그림 5-5] 프로젝트 중심의 맞춤교육(KCERN, 2017)

제를 발견하고 해결하는 과정을 지원할 수 있는 ed-tech기반 온라
인 교육 콘텐츠 및 장·단기 교육프로그램 운영을 지원하는 방식
으로 진행할 수 있다. 즉, 열린 교육 운영을 통해 전 세계의 다양한
온라인 강좌와 ed-tech을 활용하여 온라인 도구를 학습에 활용할
수 있도록 하여 저비용 맞춤 교육을 실현하도록 하고 실제 교육은
프로젝트 중심 교육을 실시하되 사회의 문제에 관심을 가질 수 있
도록 해야 한다. 프로젝트를 진행하면서 기본이 되는 지식교육은
온라인 교육으로 전환하여 학생들이 프로젝트를 진행하며 필요한
교육을 스스로 찾아서 학습할 수 있는 맞춤형 학습을 적용하여 학
생 개개인에게 제공할 수 있다.

　여기에 소프트웨어 교육, 메이커 교육 등을 함께 병행하여 도전
을 행동으로 옮길 수 있는 기본 역량을 완성시켜 주어야 한다. 이러
한 교육 역시 온라인 교육 콘텐츠의 제공을 통해 기본 교과 과정은
공유하고, 오프라인 체험 프로그램을 통해 직접 만지고 만드는 기

회를 제공하여야 한다. 3D프린팅 및 오픈소스 하드웨어를 쉽게 다룰 수 있는 창의 프로그램을 개발하고 학교에서 다룰 수 있는 체험학습의 강화가 필요하다.

PART 03

4차 산업혁명시대의 과학영재 육성정책 혁신전략

Chapter 6

국가 과학영재교육체계 혁신방안

우리나라의 과학영재교육은 꽤 오랜 역사를 가지고 있다. 평준화 직후인 1970년대 후반부터 영재교육의 필요성에 대한 논의가 이루어지다가 1983년 경기과학고의 설립으로 과학영재교육이 시작되었다고 할 수 있다. 이후 과학고등학교를 중심으로 이루어지던 영재교육이 초·중학생까지 확대되어 본격적인 체계를 갖추고 확대·시행된 것은 2000년「영재교육 진흥법」이 제정되고 2002년 동법 시행령이 공포된 이후라고 할 수 있다(서혜애 외, 2006; 우새미, 2015). 그러나 현재의 영재교육은 철저한 계획과 충분한 준비과정을 통해 정책이 시행되었다기보다는 의원입법[1]으로 「영재교육 진

---

1) 「영재교육 진흥법」은 '이상희 의원'의 열정과 헌신적인 노력으로 많은 반대에도 불구하고 가까스로 입법화되었다. 이후에도 시행령을 제정하기까지 2년이 걸릴 만큼 우여곡절이 많았다.

흥법」이 제정되면서 급작스럽게 시작되었다. 영재교육의 초기 상황을 살펴보면 영재교육에 대한 공감대가 부족했으며, 영재교육 정책의 목적이 명확하지 않았고, 담당교원의 전문성과 양질의 교육자료 등 영재교육 인프라가 미비하여 많은 혼란을 야기할 수밖에 없었다. 특히 영재교육이 태동되던 김대중 정부 시절은 지방자치가 강조되던 사회 분위기 때문에 중앙정부인 교육부는 큰 방향을 설정하고 시·도가 중심이 되어 영재교육을 실시하게 되었는데, 각 시·도는 영재교육에 대한 전문성이 부족한 상태에서 계획을 수립하고 시행하다 보니 많은 문제점을 안고 출발했다. 초기에 영재교육의 규모가 작을 때에는 잘 인식하지 못했던 문제점들이 이후 규모가 커지면서 두드러지게 나타나게 되었다.

우리나라의 영재교육은 초기의 어려움에도 불구하고 그동안 교사를 비롯한 많은 분들의 노력으로 양적으로 큰 성장을 이루었다. 그러나 영재교육의 질적 수준이 아직도 엉성한 초기의 모습에서 벗어나지 못하고 있기에 사교육을 유발하는 주요인으로 오해받거나, 하나마나 한 교육으로 인식되어 많은 사람들의 지지를 받지 못하고 있는 것도 사실이다. 즉, 사람으로 비유하자면 어엿한 청년으로 몸은 훌쩍 컸지만 아직도 유아기의 행동이나 사고수준을 보이고 있다는 것이다. 이제는 양적 성장보다 영재교육의 질적 수준을 제고하기 위한 노력이 필요한 시점이다.

4차 산업혁명시대를 맞이하여 과학영재들이 타고난 재능을 계발하고 국가와 사회발전에 기여하도록 하기 위해서는 영재교육 정책이 전면적으로 혁신되어야 한다. 앞 장에서 논의한 것처럼 현재의 영재교육은 핵심요소인 영재의 정의와 판별, 영재를 위한 교육과정과 교육방법에서 많은 개선이 이루어져야 한다. 그러나 영재교육의 핵심요소는 아니더라도 국가 영재교육체계에 대한 구조적 문제가 해결되지 않으면 앞서 언급한 핵심요소들이 개선되기가 쉽지 않다. 그동안 많은 전문가들이 영재교육의 문제점을 지적했지만 쉽게 개선되지 못한 이유도 구조적 문제를 그대로 두고 부분적인 문제를 개선하고자 했기 때문이기도 하다. 본 장에서는 4차 산업혁명시대에 적합한 과학영재교육을 위해 영재교육체계를 혁신하기 위한 전략을 살펴보고자 한다.

01
우리나라 영재교육체계 및 현황

🌐 영재교육 진흥법의 영재교육체계

우리나라 「영재교육 진흥법」에 제시된 영재교육기관은 '영재학교' '영재교육원' '영재학급'의 세 가지 형태로 운영되고 있다([그림 6-1] 참조).

영재학교는 소수의 매우 뛰어난 재능을 가진 영재들을 대상으로 운영하는 정규교육의 학교를 말한다. 「영재교육 진흥법」에서는 고등학교 이하의 모든 학교급에서 영재학교를 운영할 수 있으나 조기교육 과열 문제, 분리교육의 문제 등 부작용이 우려되기에 시행령을 통해 고등학교로 한정하여 지정·운영하도록 하되, 중학생도 진학이 가능하도록 하고 있다. 현재에는 한국과학영재학교를 포함 서울과학고, 경기과학고, 대구과학고, 대전과학고, 광주과학고와

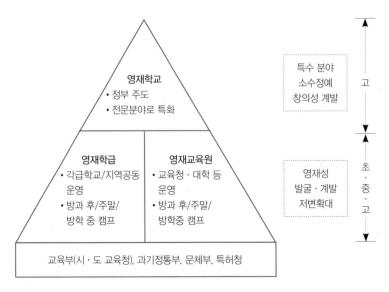

[그림 6-1] 영재교육 추진 체계

세종과학예술영재학교, 인천과학예술영재학교의 8곳이 운영되고 있다. **영재교육원**은 교육청(지역교육청 포함), 대학, 정부출연 연구기관, 공익법인 등에서 실시하는 영재교육기관이다. 영재교육원은 성격상 정규 학교가 아니기 때문에 주로 방과 후, 주말 또는 방학을 이용하여 교육이 이루어진다. 이들 영재교육원은 다양한 분야에 대한 영재교육 프로그램을 제공하기 때문에 흔히들 프로그램식 영재교육이라고 불리고 있다. **영재학급**은 초·중·고 각급 학교에서 운영되는 영재교육기관을 말한다. 다만, 상설형 영재학급 운영은 우열반, 진학반 편성 등 여러 가지 폐해가 예상되기 때문에 현재는 비정규 교육으로 방과 후 수업 또는 주말교육의 형태로 운영되어 영재교육원과 크게 차별화가 이루어지지 않는다(조석희 외, 2002).

⚙️ 영재교육 현황

2002년 영재교육이 본격적으로 시작된 이후 0.25%이던 영재교육 대상자의 비율은 2015~2016년에 약간 감소한 것을 제외하고 매년 증가하여 2017년 기준 약 1.91%에 이르고 있다. 초기에는 영재교육 대상자 비율이 빠르게 증가하다가 현재에는 일정한 수준을 유지하고 있다. 영재교육 대상자뿐만 아니라 영재교육기관의 수 역시 비슷한 양상을 나타내고 있다([그림 6-2] 참조).

영재교육기관별 학생현황을 살펴보면 영재학급 58,472명, 교육청 영재교육원 33,640명, 대학부설 영재교육원 10,274명, 영재학교 2,424명 그리고 과학고[2] 4,456명이다. 영재학급이 53.51%로 가

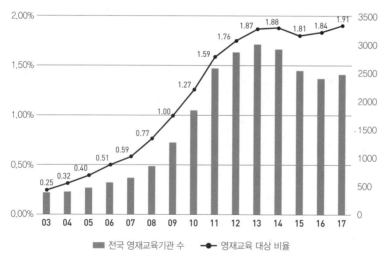

[그림 6-2] 연도별 영재교육 대상자 비율 및 영재교육기관 수(GED 자료)

---

2) 과학고는 「영재교육 진흥법」상의 영재교육기관은 아니지만 영재교육 통계에는 포함시키고 있다.

장 많고 교육청 영재교육원 30.79%, 대학부설 영재교육원 9.40%, 과학고 및 영재학교 6.30%이다(〈표 6-1〉 참조). 학교급별 영재교육 현황을 살펴보면 초등학교 51.50%, 중학교 31.74%, 고등학교 16.75%로 초등학교부터 고등학교 과정까지 대략적인 피라미드 형태의 구조를 가지고 있는 것처럼 보인다. 그러나 세부적으로 들어가 각 학교급과 영재교육기관을 종합하여 현황을 살펴보면 일관성이 없음을 알 수 있다. 즉, 초등학생은 영재학급-교육청 영재교육원-대학부설 영재교육원으로 학생의 비율이 줄어들지만 중학생은 교육청 영재교육원-영재학급-대학부설 영재교육원 순이다. 고등학생은 영재학급과 영재학교만 운영되고 있다. 즉, 영재학급, 교육청 영재교육원과 영재교육원이 어떤 특성을 가지고 운영된다고 하기 어렵다.

〈표 6-1〉 2017년 학교급, 영재교육기관별 영재교육 현황

구분	초등학교 (명)	중학교 (명)	고등학교 (명)	소계 (명)	비율 (%)
영재학급	35,033	12,870	10,569	58,472	53.51
교육청 영재교육원	16,962	16,223	455	33,640	30.79
대학교 부설 영재교육원	4,282	5,592	400	10,274	9.40
영재학교	–	–	2,424	2,424	2.22
과학고	–	–	4,456	4,456	4.08
소계	56,277	34,685	18,304	109,266	–
비율	51.50	31.74	16.75	–	–

한편, 우리나라 영재교육은 다른 나라들과 달리 분야별 영재교육을 실시하고 있다. 즉, 재능교육의 일환으로 영재교육을 접근하고 있다고 할 수 있다. 영재교육 분야별 현황을 살펴보면, 수학과 과학을 통합적으로 운영하는 경우가 가장 많아 49.8%, 다음으로 과학이 15.5%, 수학이 12.1% 순이다(〈표 6-2〉 참조). 정보과학은 4.8%, 발명이 4.2%로 나타나, 영재교육의 86.4%가 과학기술분야에 집중하고 있음을 알 수 있다. 즉, 우리나라의 영재교육은 과학영재교육

〈표 6-2〉 2017년 학교급별 분야별 영재교육 현황

구분	초등학생(명)(비율)	중학생(명)(비율)	고등학생(명)(비율)	소계(명)(비율)	비율
수학	6203(47.09%)	5449(41.37%)	1520(11.54%)	13,172	12.1%
과학	6470(38.28%)	8218(48.63%)	2212(13.09%)	16,900	15.5%
수학, 과학	31688(58.25%)	11975(22.01%)	10733(19.73%)	54,396	49.8%
정보과학	2557(49.24%)	2263(43.58%)	373(7.18%)	5,193	4.8%
발명	2739(60.03%)	1582(34.67%)	242(5.30%)	4,563	4.2%
인문사회	1227(29.96%)	1386(33.84%)	1483(36.21%)	4,096	3.7%
예술체육	2439(58.18%)	1400(33.40%)	353(8.42%)	4,192	3.8%
외국어	971(43.50%)	1151(51.57%)	110(4.93%)	2,232	2.0%
기타	1983(43.85%)	1261(27.89%)	1278(28.26%)	4,522	4.1%

이라고 해도 과언이 아니다. 이는 학문의 성격상 과학기술분야에서 영재성이 조기에 나타날 수 있기 때문이기도 하지만, 지식정보화 사회에서 가장 핵심적인 분야인 과학기술 영역의 우수인력 양성이 중요하다는 국가 정책적 판단의 산물이기도 하다. 그러나 분야별 영재교육 역시 초·중·고등학생의 비율에서 어떤 일관성을 찾아보기 어렵다.

02
우리나라 과학영재교육의 문제점

우리나라의 영재교육은 그동안 많은 성과가 있었다. 무엇보다 「영재교육 진흥법」 제정으로 영재교육이 공교육의 일환으로 포함되면서 영재들도 그들의 특성에 적합한 교육을 받을 수 있는 기회가 제공된다는 것은 '누구나 저마다의 소질과 능력에 맞는 교육을 받는다'는 교육에서 가장 기본적인 국가의 책무를 완성한 것이라고 할 수 있다. 국가와 지방자치단체의 영재교육 시행 임무가 명시되고, 총 4차에 걸친 영재교육진흥종합계획의 수립과 추진을 통해 영재교육은 대상 학생, 참여교사, 전문연구 등 양적인 측면에서 많은 성장을 이루어왔다. 그러나 양적으로 성장하는 과정에서 질적인 면에서 많은 문제점을 드러내고 있는 것도 사실이다.

국가 영재교육을 혁신하기 위해 현재 영재교육의 문제점을 크게 수직적 측면, 수평적 측면, 내실화 측면과 지원체계 측면의 네 가지로 나누어 살펴보고자 한다(정현철, 2017).

⚙ 수직적 측면

❶ 교육의 지속성과 연계성 부족

영재교육에서 영재성이 있는 학생에게 지속적으로 그들의 재능을 계발할 수 있는 환경을 제공하는 것은 매우 중요한 문제이다. 즉, 한 번 영재교육 대상자로 선발되면 무조건 계속 영재교육에 참여할 수 있게 해야 한다는 것이 아니라, 최소한 학생이 참여할 수 있는 영재교육 프로그램이 운영되어야 한다는 것이다. 그동안 영재교육 대상자가 확대되어 왔음에도 불구하고 현재의 영재교육 실태를 살펴보면 지속성이 매우 부족하다는 것을 알 수 있다. 예를 들면, 어느 지역에서는 초등학교 5, 6학년에 집중적으로 영재교육을 받다가 중학교 1학년이 되면 참여할 수 있는 영재교육 프로그램이 운영되지 않는다. 그리고 다시 중학교 2학년을 대상으로 한 영재교육이 이루어진다. 즉, 영재교육에 참여했던 학생들이 학년이 바뀌고 나면 갑자기 영재교육을 받을 수 없는 문제가 발생하고 있는 것이다. 특히 특정 학년에서는 매우 많은 학생이 영재교육에 참여하지만 입시를 앞둔 중학교 3학년이나 고등학교 단계에서는 영재교육이 잘 이루어지지 않는다. 특히 고등학교 단계에서는 정규학교인 과학고나 영재학교를 중심으로 소수의 영재교육만이 이루어지고 있다. 즉, 현재의 영재교육은 초등학교 5, 6학년, 중학교 1, 2학년에만 집중되어 있다고 할 수 있다.

이와 같은 문제점은 다음의 두 가지 원인에 기인한다. 첫째는 영재교육에 대한 국가 영재교육종합계획에서 전체적인 영재교육 대상자의 비율만 제시되었을 뿐, 학교급별(또는 발달단계별) 영재교육

대상자의 비율이 명확하게 제시되지 않았기 때문이다. 각 시·도의 영재교육계획도 전체적인 비율을 맞추는 데 치중하다 보니 영재교육이 지속적으로 이루어지지 못하고 있다. 둘째는 상급학교 진학 시 입학전형에서 영재의 특성이 전혀 고려되지 못하고 있다는 점이다. 과학영재들의 경우 대부분이 과학고등학교 또는 과학영재학교로 진학을 희망한다. 그러나 과학영재학교나 과학고의 입학전형에서 내신반영 비율이 높기 때문에 중학교 2학년 또는 3학년이 되면 내신에 대한 부담으로 영재교육에 참여하는 비율이 급격히 감소하게 된다. 더구나 고등학교 과정에서는 이와 같은 상황이 더 심각해진다. 즉, 내신과 수능 중심의 대학입시에 대한 부담이 커서 영재학급과 영재교육원과 같이 비정규교육과정으로 운영되는 영재교육에 참여하는 것은 거의 불가능할 뿐만 아니라, 영재교육을 실시한다고 하더라도 영재교육의 본질과는 거리가 먼 대학입시중심의 교육이 이루어질 수밖에 없다. 현재 일반학교로 진학한 과학영재들은 영재교육이 없는 것이나 마찬가지이다. 물론 영재교육에 참여했다는 것만으로 특혜를 주는 것도 적절하지 않지만 영재교육에 참여하는 것이 불이익으로 작용하지 않도록 하는 환경이 마련되어야 한다.

❷ 어린 고도영재와 대학생 영재교육 문제

우리나라의 영재교육은 대부분 초등학교 4학년부터 실시되고 있다. 이는 국가 교육과정에서 수학, 과학 등 교과의 특성이 나타나기 시작하는 것이 4학년이기에 공교육에서 재능 분야를 파악하기 용이하다. 또한 너무 어린 나이에 영재로 판명하는 것이 아동에게 부정적인 영향을 줄 수도 있으며, 부모의 도움 없이 혼자서 교육에 참여하는 데 어려움이 나타날 수도 있다. 그러나 고도의 영재성을 가진 학생의 경우 대부분이 미취학 아동이거나 저학년의 아동일 확률이 매우 높으며, 일반교육에서 부적응하고 실패할 확률이 매우 높다. 즉, 이들은 영재교육이 가장 필요한 학생들이라고 할 수 있다. 그러나 현재의 영재교육체계는 이와 같은 어린 고도영재들이 교육을 받을 수 있는 환경이 전혀 제공되고 있지 않다(고도영재 문제는 7장 '소수 과학영재 프로그램 혁신전략'에서 자세히 다루고자 한다).

한편 「영재교육 진흥법」상의 영재교육 대상자 연령은 명시적으로 나타나 있지는 않지만 암묵적으로 초 · 중등학생을 대상으로 하고 있다. 이는 초 · 중등 과정은 평준화 정책을 시행하고 있기 때문에 영재들을 위한 특별교육이 필요하다. 그러나 이와 달리 대학은 특성화되어 있으며 자연스럽게 수월성 교육이 이루어지고 있다고 생각할 수 있다. 영재들이 본인의 특성에 맞는 대학을 선택한다면 굳이 대학단계에서 영재교육이라는 특별교육이 필요한가에 대한 논란이 있을 수 있다. 그러나 현실적으로 과학영재들이 많이 진학하는 대학의 경우조차도 매우 다양한 학생들이 재학하고 있어 영재들이 계속해서 자극을 받을 수 있는 환경이 제공되지 못하고 있다. 실제로 아주 뛰어난 과학영재들의 경우 대학교 1~2학년 동안은 전혀 도전적인 자극이 주어지지 않는 상황에 있다. 대학에 진학한 영재들이 계속 자극을 받을 수 있는 프로그램의 도입이 필요하다.

⚙ 수평적 측면

❶ 영재성 발굴 기회의 차별

국가 차원에서 영재교육을 실시함에 있어 누구나 영재교육 대상자가 될 수는 없지만 누구에게는 기회조차 주어지지 않는 '기회의 불평등'은 매우 중요한 문제라고 할 수 있다. 현재 각 시·도의 영재교육 상황을 살펴보면 지역별 영재교육 대상자의 비율이 크게 차이가 나는 것을 알 수 있다(〈표 6-3〉 참조). 즉, 학생이 어느 시·도에 살고 있는가에 따라서 영재성 발굴의 기회가 큰 차이를 나타내고 있다.

예를 들어, 대구나 인천시는 초등학생의 경우 100명 중 5~10명이 수학·과학 영재교육을 받고 있는데 반해 세종시나 전북도는 1~2명이 영재교육의 수혜를 받고 있다. 작게는 5배에서 많게는 10배의 차이를 보인다. 중학생의 경우에도 경기지역은 100명 중 1.13명인데 반해 대구시는 3.46명이 영재교육을 받고 있어 약 3배의 차이를 나타내고 있다. 이처럼 시·도간 영재교육 비율의 편차뿐만 아니라 같은 시·도 내에서도 영재교육기관이 지역적으로 심하게 편중되어 있다는 것은 영재교육이 양적으로 팽창했다 하더라도 영재교육의 실질적 수혜를 받을 수 있는 학생은 제한되어 있음을 보여주는 지표라 하겠다. 특히 도 지역에서는 영재교육기관이 원거리에 있고 교통이 불편하여 접근이 쉽지 않다. 따라서 학교를 중심으로 한 영재학급이 설치되어야 하는데 학교 규모가 작아 영재학급 설치 또한 쉽지 않다. 영재학급을 설치하여 운영하는 학교의 비율이 10% 남짓이라는 것은 80~90%의 학생은 영재교육의 기

〈표 6-3〉 2016년 시·도별 영재학급을 설치한 학교의 비율

	초등학교	중학교	고등학교	전체학교	영재학급설치학교	비율1 (%)	비율 2 (%)
서울	601	384	186	1,171	262	22.37	26.60
부산	308	172	81	561	30	5.35	6.25
대구	225	125	50	400	220	55.00	62.86
인천	247	134	80	461	334	72.45	87.66
광주	153	90	48	291	35	12.03	14.40
대전	146	88	38	272	99	36.40	42.31
울산	117	63	37	217	70	32.26	38.89
경기	1,227	619	362	2,208	482	21.83	26.11
강원	351	162	85	598	5	0.84	0.97
충북	260	128	46	434	43	9.91	11.08
충남	405	186	72	663	27	4.07	4.57
전북	416	209	94	719	9	1.25	1.44
전남	427	250	78	755	27	3.58	3.99
경북	469	271	119	859	144	16.76	19.46
경남	500	265	138	903	206	22.81	26.93
제주	112	45	21	178	39	21.91	24.84
세종	37	18	9	64	13	20.31	23.64
계	6,001	3,209	1,544	10,754	2,045	19.02	22.20

비율 1 : 초, 중, 고 학교 수 전체에 대한 영재교육기관의 비율
비율 2 : 고등학교 숫자가 작은 관계로 모수에서 제외한 영재교육기관의 비율
* GED 통계자료 활용

회가 원천적으로 봉쇄된 셈이라 할 수 있다.

한편 현재의 영재선발은 발현된 능력을 중심으로 이루어져 가정환경 등에 의해 크게 영향을 받기 때문에 소외계층의 잠재적 영재들은 거의 선발되기 어려운 구조적 문제를 가지고 있다. 이와 같은

문제를 해결하기 위해 정부는 영재교육 대상자의 일정 비율을 정해 소외계층 영재를 의무적으로 선발하게 하고 있으나 과연 이와 같은 방식이 소외계층 영재들에게 적절하고 도움이 되는가에 대한 논란이 있다. 대부분의 소외계층 영재들은 본인에게 적합하지 않은 교육에 참여하면서 자존감만 떨어뜨리는 문제를 야기하게 된다. 국가가 이들에게 도움을 주는 교육을 하기 위해서는 보다 세심하고 정교한 정책이 요구된다(소외계층의 영재문제는 7장 '소수 과학 영재 프로그램 혁신전략'에서 자세히 다루고자 한다).

❷ 영재교육기관의 특성화 및 다양화 미흡

「영재교육 진흥법」에서 영재학급과 영재교육원을 구분한 의도는 두 기관이 국가 영재교육 체계에서 다른 역할과 기능을 수행할 것을 기대했을 것이나, 현재 운영되는 상황을 보면 이것이 명확하지 않다(〈표 6-1〉 참조). 법에 나타난 두 기관의 차이점으로는 영재학급은 초중고 학교에 설치하고, 영재교육원은 대학이나 연구소 등 보다 전문화된 기관에 설치하는 것이다. 그러나 실제 시·도마다 영재학급과 영재교육원을 나누는 기준이 모호하여 영재학급과 영재교육원은 서로 이름만 다를 뿐 거의 비슷한 교육이 이루어지고 있다. 예를 들면, 학생선발도 일반학생을 대상으로 동일한 풀(pool)에서 선발하고 있으며, 교육과정 역시 수학, 과학 등 교과를 중심으로 운영되고 있다. 교육운영 형태는 대부분 방과 후 교육이나 주말교육 등 학기 중 교육과 방학 중 캠프 형태로 거의 유사하게 운영되고 있으며, 동일한 교사가 영재학급과 영재교육원에서 교육을 담당하고 있는 경우도 많다. 심지어 어떤 시·도는 영재교육원이 영재학급처럼 단위학교에서 운영되는 곳도 있다. 영재교육이 확대되었다고는 하나 이처럼 거의 유사한 영재교육 프로그램들만 운영되는 상황에서는 영재들이 자신의 관심과 특성에 맞는 교육을 선택할 수가 없게 된다. 만약 영재들에게 적합한 교육프로그램이 없다면 이는 영재교육이 없는 것과 마찬가지일 것이다. 뿐만 아니라 일부 기관들에서는 우수한 학생을 선발하기 위해 경쟁과 갈등이 생기기도 하고, 교육내용 중복 등의 문제가 발생하기도 한다. 따라서 영재교육기관은 재능, 관심과 열정의 정도가 다른 영재들에게 각자의 특성에 적합한 교육을 제공해주기 위해 다양화하고 특성화할 필요가 있다.

⚙ 내실화 측면

❶ 영재교육 대상자 선발 및 교육프로그램

현대적 의미의 영재는 특정검사나 도구를 통해 단기간에 판단할 수 있는 것이 아님에도 불구하고 그동안 영재교육 정책의 초점은 영재교육 대상자 선발문제에 매몰되어 있었다고 해도 과언이 아니다. 단기간의 선발방법은 어떤 방법이든지 학부모들로 하여금 준비가 가능하게 되어 사교육에 대한 의존도를 높이는 문제가 발생하게 된다. 현재 시행되고 있는 관찰추천제는 이와 같은 문제점을 보완하기 위해 도입되었으나 여전히 단기간에 준비가 가능한 지필평가에 의존하고 있어 제도 도입의 취지가 퇴색되고 있으며, 현장은 업무 증가에 따른 불편을 호소하고 있다.

더 문제인 것은 영재선발에 신경을 쓰느라 영재교육에서 중요한 어떤 교육을 할 것인가에 대한 문제는 매우 소홀히 다루어진다는 것이다. 만약 선발된 학생과 교육이 부합하지 않는다면 적절한 영재교육이 이루어지고 있다고 하기 어려울 것이다. 예를 들면 교육의 수준이 학생에게 적합하지 않을 수도 있고, 관심이 없는 분야의 교육이 이루어질 수도 있을 것이다. 이와 같은 상황은 영재들의 재능계발에 전혀 도움이 되지 않을 것이다. 현재 대부분의 영재교육 기관은 매년 교육을 담당하는 교사를 중심으로 교육과정을 구성하여 운영되는데, 교육이 선발된 영재들에게 적절한지, 영재의 특성이 반영되었는지 확인이 어렵다. 심화교육을 강조하고 있으나 심화교육의 개념이 불명확하고 주로 교과중심으로 교육이 이루어져 영재들의 다양한 요구를 반영한 교육이 이루어지고 있다고 할 수 없다. 이는 국가차원에서 영재의 특성이 반영된 프로그램의 운영기준이 없기 때문이다. 미국의 경우 영재프로그램 운영의 최소기준 및 모범기준을 권고하고 있으며, 지역과 대상에 따라 이를 준용하여 영재교육이 이뤄지고 있다. 영재의 특성을 고려한 교육 프로그램의 운영기준을 제시하여 교육의 내실화를 도모해야 한다.

❷ 영재교육 담당교원 참여 및 전문성

교육에서 흔히 회자되는 말로 '교육의 질은 교사의 질을 넘을 수 없다'는 말이 있다. 이는 학생의 주도성이 강조되는 영재교육이라고 해서 예외가 될 수 없으며, 영재교육의 질(質)은 담당 교원의 열정, 전문성 수준과 밀접한 연관을 맺고 있다. 미국 오바마 전 대통령이 누차 언급한 것처럼 우리나라 교사의 우수성은 세계 최고라 해도 과언이 아니다. 즉, 우리나라 영재교육을 담당하는 교원의 전문성은 전혀 문제가 없어 보인다. 그러나 영재교육의 열악한 환경은 대부분의 교사로 하여금 영재교육을 기피하게 만들거나 억지로 맡겨져서 운영되고 있는 실정이다. 교사가 아무리 뛰어난 능력을 가지고 있어도 열정과 의지가 없다면 좋은 교육이 이루어지기 어려울 것이다. 현재 영재교육을 담당하는 교원은 열정을 가지고 참여했다가 열악한 환경 때문에 지쳐가고 있는 상황이다. 가장 큰 문제는 영재교육 관련 전문성을 키우거나 현장에서 부딪히는 문제를 해결하기 위해 도움을 받을 곳이 없다. 현재 영재교사의 전문성 계발을 위한 지원은 영재교육에 관한 60시간 내외의 연수가 전부라고 해도 과언이 아니다. 짧은 시간 동안의 연수는 영재교육에 대한 소개에 그칠 수밖에 없어 현장에서 부딪히는 많은 상황에 대처하기 힘들다. 둘째, 양질의 교육 콘텐츠가 없다. 우수한 영재들을 교육하는 것은 교사로서 큰 기쁨이기도 하지만 많은 부담이 있다고 호소한다. 그러나 영재교육에서 활용할 양질의 교육 콘텐츠가 없이 교사 스스로 준비해야 한다는 것은 교사에게는 큰 부담이다. 영재교육에 대한 전문성이 축적되지 않은 교사에게 알아서 제대로 된 영재교육을 실시하라고 하는 것은 너무 무책임한 것이다. 마지막으로 영재교육 관련 많은 행정업무는 교사로 하여금 영재교육을 기피하게 만들고 있다. 교사로서의 사명감과 열정만으로 영재교육을 지속적으로 담당하게 하는 것은 어려워 보인다. 적절한 인센티브를 제공하는 방안도 생각할 수 있지만 영재교육 이외의 다른 교육과의 형평성 등을 고려하면 인센티브를 만드는 것도 쉬운 일은 아니다. 현장의 교사가 기피하는 교육이 제대로 운영되기는 어려울 것이다.

⚙ 지원체계의 측면

❶ 부처 간 역할분담 및 협력 미흡

다른 나라들과 달리 우리나라는 다양한 정부 부처가 영재교육에 참여하고 있다. 이는 부존자원이 부족한 우리나라의 상황을 감안했을 때 인재육성이 중요한 국가 전략이기 때문일 것이다. 교육의 주무 부처인 교육부뿐만 아니라 과학기술 인재를 육성하는 과학기술정보통신부, 문화예술 인재를 육성하는 문화체육관광부, 부가가치 산업을 창출할 인재육성을 위해 특허청이 영재교육을 적극적으로 시행하고 있는 부처들이다. 이처럼 많은 부처가 영재교육에 적극적으로 참여하고 있다는 것은 매우 고무적인 일이다. 특히 각 부처의 장단점이 있으므로 서로 보완하고 협력한다면 국가 차원에서 자원을 효율적으로 활용하여 체계적인 영재교육을 실시할 수 있을 것이다. 그러나 이와 같은 장점에도 불구하고 현재 상황은 그렇게 효율적으로 운영되고 있지 못하다는 점이 안타깝다. 현재 각 부처가 독립적으로 영재교육 정책 계획을 수립하여 시행하고 있으나 각 부처의 정책에서 차이점이 뚜렷하게 구분되지 않으며, 국가 차원에서 역할분담이 명확하지 않고 서로 유기적인 협력이 이루어지지 않아 많은 중복과 비효율이 발생하고 있다.

❷ 시 · 도 영재교육 지원체계 부재

우리나라 영재교육이 오랫동안 시행되어 왔음에도 불구하고 여전히 체계적이지 못하고 질적 수준이 낮은 것은 영재교육 지원체계가 미흡한 것이 중요한 이유이기도 하다. 영재교육이 급격히 확대됨에 따라 현장에서는 미처 전문성을 갖추지 못한 상태에서 운영을 해야 하는데 정작 도움을 필요로 할 때 체계적인 지원을 받지 못했기 때문이다.

실제적으로 영재교육을 담당하는 인원은 중앙정부의 경우 담당 사무관이, 시도교육청의 경우 장학사 1명이 담당하고 있으며, 짧게는 6개월에서 길어야 2년 정도 근무 후 교체가 되다 보니 영재교육에 대한 전문성이 축적되지 않는다. 따라서 담당자는 질적인 측면보다는 양적인 측면을 중심으로 영재교육 정책을 운영할 수밖에 없다. 그나마 중앙정부 영재교육 담당자는 국가가 지정·설치한 영재교육연구원[3]의 지원을 받을 수 있지만 시·도의 영재교육 담당자는 지원을 받을 곳이 없다.

영재교육연구원의 주요임무는 영재교육에 대한 현황실태를 분석하여 개선사항을 도출하고, 영재선발 방법, 교육자료, 교원연수 등 영재교육 현장을 지원하는 것이다. 그러나 우리나라의 영재교육은 처음부터 시·도별로 특성에 맞는 영재교육을 운영하도록 하여 한 기관에서 다양한 시·도의 상황에 맞춰 지원하는 것을 어렵게 한다. 더군다나 현재의 국가 지정 영재교육연구원의 규모와 예산으로는 전국의 영재교육기관을 지원하는 것은 불가능하며, 효율적이지도 않다. 국가 지정 영재교육연구원처럼 각 시·도의 영재교육을 지원하는 기관 또는 기구의 설립이 매우 시급하다.

---

3) 각 부처는 해당부처의 영재교육을 지원하기 위해 교육부는 KEDI 영재교육센터, 과기정통부는 KAIST 과학영재교육연구원, 문체부는 한국예술종합학교 예술영재교육연구원, 특허청은 발명진흥협회 발명영재교육연구원을 영재교육연구원으로 지정·운영하고 있다.

국가 과학영재교육체계 혁신전략

4차 산업혁명시대란 이전의 변화와는 근본적으로 다른 변화임을 감안했을 때, 과학영재교육 역시 근본적인 변화가 필요한 시점이다. 특히 국가 영재교육체계의 대대적인 변화 없이는 앞 장에서 논의한 영재교육의 질적 제고를 위한 다양한 혁신전략이 제대로 실현되기 어렵다. 이 장에서는 현재까지 나타난 우리나라 영재교육의 문제점을 개선하고 4차 산업혁명시대를 준비하기 위한 구체적인 국가 과학영재교육체계 혁신전략을 제시하고자 한다.

⚙ 영재교육 정책의 목적 재정립

우리나라를 비롯하여 많은 나라에서 영재교육을 실시하고 있다. 각 나라들은 저마다 다른 목적을 가지고 영재교육을 실시하는데, 목적에 따라 크게 두 부류로 나눌 수 있다. 첫째, 미국을 비롯한 서유럽국가들은 영재교육을 특수교육(재능심화교육)[4]의 일환으로 접근하고 있다. 즉, 특성이 다른 영재들에게 그들의 잠재능력을 계발할 수 있도록 특수한 교육을 제공하는 것 그 이상도 이하도 아니다 (일부 국가들은 '영재교육'이라고 명시적으로 구분 짓지 않지만 개인의 특성에 따른 다른 교육을 제공하기도 하고, 일부 국가에서는 '영재'라는 용

---

4) 최근 들어 미국에서 영재교육을 일반적인 지적 능력(IQ)이 뛰어난 아동을 대상으로 한 교육에서 재능교육(Talent Development)으로 전환하려는 움직임이 있음 (Olszewski-Kubilius & Thomson, 2011)

어 자체를 반대하기도 한다). 이와 같은 나라들은 국가가 주도적으로 영재교육을 실시하기보다는 법적 근거만 제시하고 교육의 주체들이 자율적으로 영재를 대상으로 다른 교육을 할 수 있도록 하는 것이 특징이라고 할 수 있다. 둘째, 이스라엘, 싱가포르, 홍콩 등 부존자원이 없고 인적자원 개발이 매우 중요한 국가들은 영재교육을 실시하는 목적이 국가의 경쟁력을 강화하고 이를 선도하는 우수인재를 양성하는 엘리트 교육이다. 따라서 국가가 주도적으로 영재교육 관련 정책을 체계적으로 실시하고 있다. 대부분 전체 학생들을 대상으로 어린 나이에 우수한 인재를 선발하고 지속적으로 특별한 교육을 제공하고 있다(구자억 외, 2002).

그러면 과연 우리나라는 어떤 목적으로 영재교육을 실시하고 있는가?

「영재교육 진흥법」의 제1조는 영재교육의 목적을 다음과 같이 기술하고 있다. "재능이 뛰어난 사람을 조기에 발굴하여 능력과 소질에 맞는 교육을 실시함으로써 개인의 타고난 잠재력을 계발하고 개인의 자아실현을 도모하여 국가와 사회발전에 이바지하게 함을 목적으로 한다."이와 같은 목적은 다음과 같이 나누어서 생각할 수 있다. 즉 "능력과 소질에 맞는 교육을 실시함으로써 개인의 타고난 잠재력을 계발하고 개인의 자아실현을 도모"라고 하는 부분은 영재교육을 특수교육(재능심화교육)의 일환으로 접근하는 것을 말하며, "재능이 뛰어난 사람을 조기에 발굴하여 국가와 사회발전에 이바지하게 함"이라고 하는 부분은 영재교육을 엘리트교육의 일환으로 접근하는 것을 의미한다고 할 수 있다. 즉, 우리나라 「영재교육 진흥법」은 특수교육(재능심화교육)과 엘리트교육의 두 가지 목적을 모두 가지고 있다고 할 수 있다. 이는 인적자원 개발이 매우 중요하지만 교육 평등의식이 매우 강한 우리나라의 특수한 환경을 고려한 것이다. 물론 특수교육(재능심화교육)과 엘리트교육은 이율배반적이거나 양립불가한 것이 아니다. 그러나 현재 영재교육 현장은 이와 같은 두 가지 목적이 혼재되어 있어 비효율이 발생하고 부정적인 모습이 부각되는 상황이다.

4차 산업혁명시대라는 미지의 미래를 대비하기 위해서는 다양한 인재를 육성하는 것이 무엇보다 중요하다. 이를 위해 과거와 같이 소수의 학생을 선발하여 집중·육성하기보다는 누구나 타고난 재능을 적절하게 계발할 수 있도록 도움을 주는 교육이어야 한다. 영재교육 역시 영재들이 이와 같은 환경 속에서 자신에게 적합한 교육을 받을 수 있도록 도움을 주는 교육이어야 한다. 즉, 영재교육을 특수교육(재능심화교육)의 관점으로 전환하고 영재들이 적절한 교육을 통해 자연스럽게 엘리트로 성장할 수 있도록 하는 정책이 필요하다.

⚙ 영재교육대상자 체계화: 지속성과 연계성 강화

국가의 영재교육 정책에서 가장 중요한 것은 초등학교에서 중학교, 고등학교, 대학교에 이르기까지 지속적인 영재교육이 이루어질 수 있는 기회를 제공해주어야 한다. 이를 위해서는 영재교육 정책에서 현재처럼 전체 영재교육 대상자 비율을 제시하기보다는 학년별로(또는 발달단계별로) 영재교육 대상자 비율을 제시하여야 한다. 각 시·도는 이와 같은 비율에 따라 해당 지역의 학생 수를 고려하여 대상자 수를 정할 수 있을 것이다. 학교급별 영재교육 대상자 비율을 결정하는 방법은 두 가지가 있다. 첫째, 특수교육의 관점에서 학습자의 특성이 달라서 다른 교육이 요구되는 학생의 비율을 영재교육 대상자로 상정하고, 모든 학년에 동일한 비율의 학생들에게 영재교육을 실시하는 방안으로 지속성이 강화될 수 있다. 둘째, 엘리트교육의 관점으로 초등에서는 잠재적 영재의 발굴이라는 측면에서 확대하고 학년이 올라갈수록 점차 비율을 줄여 집중하는 피라미드 형태로 실시하는 방안이다. 지속성은 약화되나 국가에서 요구하는 우수인력을 육성하기 위해 한정된 자원을 효율적으로 활용할 수 있다.

우리나라 「영재교육 진흥법」상의 영재교육의 목적과 미래의 다양한 사회를 고려한다면 두 가지 방안을 절충하는 것이 가장 바람직할 것이다. 즉, 학년별로 일정 비율을 유지하면서 각 학년별로 심화정도에 따라 단계화된 프로그램을 운영하는 것이다([그림 6-3] 참조). [그림 6-3]과 같은 방안의 장점은 영재들에게 지속적인 교육기회를 제공할 수 있을 뿐만 아니라 뒤늦게 영재성이 발현된 학생들에게도 영재교육 기회를 제공할 수 있다. 또한 영재들의 재능의 수준이 다양함을 고려했을 때, 영재들의 수준에 적합한 교육을 제공한다는 점에서 자원을 효율적으로 배분할 수 있을 것이다.

학년별로 영재교육 대상자 비율을 제시하는 것도 중요하지만 국가 차원에서 분야별 영재교육의 적절한 비율도 제시할 필요가 있다. 현재와 같이 과학기술분야 영재교육이 약 90%를 차지하는 것은 아무리 과학기술이 중요하다고 해도 너무 편향되었다고 할 수 있다. 향후 융합이 강조되는 미래사회를 감안했을 때 과학영재들에게 융합마인드를 강조하는 것도 중요하지만 다양한 분야의 재능

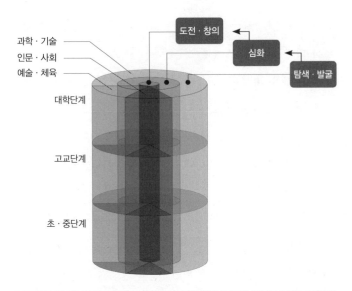

과학 · 기술
인문 · 사회
예술 · 체육

도전 · 창의

심화

탐색 · 발굴

대학단계

고교단계

초 · 중단계

[그림 6-3] 연령별 일정한 영재교육 대상자 비율과 차별화된 교육의 새로운 영재교육체계

을 가진 영재들에게도 적합한 교육을 받을 기회를 제공해야 한다. 이처럼 다양한 분야의 재능을 계발한 영재들이 서로 협력하여 새로운 것을 만들어간다면 바람직한 영재교육이 될 수 있을 것이다.

한편 이와 같은 비율의 제시만으로는 영재교육이 지속적으로 이루어지지 않는다. 우리나라 영재교육 현황에서 볼 수 있는 것처럼 초 · 중학교에서 활발하게 운영되던 영재교육이 고등학교 과정에 가면 거의 운영되지 않는다. 이는 대학입시에 대한 부담 때문에 더 이상 비정규교육과정의 영재교육은 운영되기가 어렵다는 것을 알 수 있다. 이는 과학기술분야 우수인재의 육성이라는 과학영재교육의 실시 목적에 비추어 큰 문제가 아닐 수 없다. 고등학교 과정의 과학영재교육을 활성화시키기 위한 특단의 대책이 필요하다. 과학영재들이 고교 과정이라는 귀중한 3년의 시간을 허비하지 않도록 방안을 강구해야 한다. 특히 고등학생의 경우 대학입시의 부담이 크다는 점을 감안하면 과학기술특성화대학만이라도 고교단계 영재교육의 성과를 입시에 반영할 수 있도록 하여 고교 과학영재-과학기술특성화대학의 연계 체제를 강화할 필요가 있다.

⚙ 영재교육기관 체계화: 온라인 교육체계 도입과 영재교육기관 특성화

어떤 학부모나 학생이 영재교육에 참여할 기회가 전혀 주어지지 않는다면 영재교육에 대한 긍정적 인식을 갖기는 매우 어려울 것이다. 이처럼 영재교육 기회 불평등 문제는 시급히 해결해야 할 매우 중요한 문제이다. 이를 해결하기 위한 가장 손쉬운 방법은 각 단위학교에 영재학급을 설치하고 지역별로 영재교육원을 확대하는 것이다. 그러나 이와 같은 해결방법은 막대한 예산을 필요로 하며, 지금도 기피하는 영재교육 담당교원 수급에서 심각한 문제를 일으킬 수 있다.

영재교육 기회 불평등의 문제를 효율적으로 해결할 수 있는 것이 바로 현재의 오프라인 영재교육기관을 보완할 수 있는 온라인 영재교육 지원체계를 도입하는 것이다([그림 6-4] 참조). 즉, 온라인 교육을 통해 지역의 한계를 넘어서 어디서든지 교육을 받을 수 있게 된다면 교육기회의 불평등 문제를 가장 효율적으로 해결할 수 있다. 현재 영재교육기관을 설치하기 어려운 소규모 학교나 참여 희망학생이 소수여서 영재학급을 운영하기 어려운 지역의 잠재적 영재들에게 그들의 특성에 적합한 교육을 제공해 줄 수 있을 것이다.

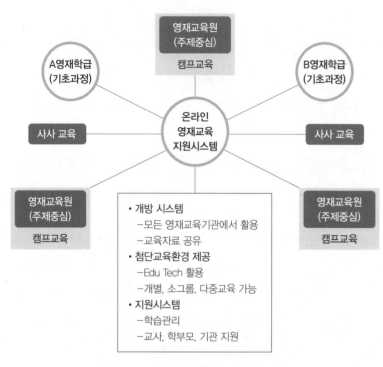

[그림 6-4] 온라인 교육지원 시스템 운영 체계

　온라인 교육은 오프라인 영재교육기관에서도 활용할 수 있을 것이다. 다양한 양질의 교육 콘텐츠를 개발하여 공유한다면 영재교육의 질도 높일 수 있으며, 현재 교사들이 갖는 콘텐츠 개발의 부담을 덜어 줄 수 있을 것이다. 접근성의 문제가 해소된다면 전국의 많은 전문 인력들의 참여로 영재교육 담당교원 수급의 문제도 해결할 수 있을 것이다.

　온라인 교육이 다양한 교육적 요구를 수용할 수 있음을 감안하면 소외계층의 영재들에게 브릿지(Bridge) 프로그램을 제공하여 수준에 적합한 교육을 통해 잠재적 영재성을 계발할 수 있도록 도움을 줄 수도 있을 것이다. 온라인 영재교육지원 체계의 도입은 무엇보다 시급하다고 할 수 있다.

한편 현재 영재학급과 영재교육원은 뚜렷한 구별 없이 운영되고 있어 국가적으로 굉장한 비효율을 유발시킨다. 따라서 영재학급과 영재교육원을 특성화시키는 것은 매우 중요하고도 시급한 일이다. 특히 영재교육원의 학생선발, 교육과정, 교육 운영형태, 교사 등에서 특성화하고 다양화할 수 있도록 변화시킬 필요가 있다. 예를 들면 영재교육원의 교육내용은 교과에서 탈피하여 첨단과학기술, 융합 등의 교육프로그램을 제공한다면 영재학급과 차별화할 수 있을 것이다. 이처럼 영재교육원이 특성화되면 다음과 같이 영재학급과 연계하여 효율적 운영이 가능할 것이다. 즉, 일반 학교에서 운영하는 영재학급은 잠재적 능력을 가진 영재를 발굴하기 위해 학교를 중심으로 운영하며, 보다 전문화된 기관에서 운영하는 영재교육원은 영재학급에서 추천된 재능이 뛰어난 학생들을 대상으로 더욱 도전적인 수준의 다양한 교육을 제공하도록 하는 것이다(〈표 6-5〉 참조). 장기간 영재들의 교육성과를 기반으로 그들의 특성에 적합한

〈표 6-5〉 영재학급·영재교육원 운영 체계(안)

구분	영재학급	영재교육원
대상	일반학생 중 잠재력이 있다고 판단되는 학생(희망자)	영재학급에서 영재성이 검증된 학생(교육성과에 기반한 대상 선발)
특징	영재 발굴 및 창의성 계발 (해당분야 심화 및 기능습득)	창의·융합 탐구역량 계발 (주제중심, 프로젝트 프로그램)
운영기관	초·중·고 중심	시·도교육청 부설기관, 대학, 출연(연) 등 전문기관

교육프로그램을 제공하는 것은 영재교육의 가장 기본이기도 하다.

또한 온라인 교육의 도입과 함께 오프라인 교육기관의 운영 형태도 재구조화할 필요가 있는데, 대학에 설치된 영재교육기관은 학기 중 온라인 교육과 방학 중 집중캠프 형태의 교육운영을 도입하는 방안을 검토해야 한다(미국의 대학들처럼). 일반학교에 설치된 영재학급과 달리 영재교육원은 숫자가 제한될 수밖에 없어 학기 중에 이루어지는 오프라인 교육은 지역적으로 접근에 제약을 받을 수밖에 없다. 방학 중 집중캠프 교육은 지방의 학생도 수도권 대학에서 교육 받을 수 있고, 수도권 학생도 지방의 특색 있는 영재교육을 받을 수 있는 환경을 제공할 것이다. 또한 대학뿐만 아니라 출연연, 과학관 등으로 영재교육기관을 다양화하고 다양한 프로그램의 영재교육원이 운영된다면 학생들은 자신의 관심영역에 맞는 기관을 선택할 수 있을 것이다.

⚙ 영재교육 내실화: 선발과 교육의 연계와 교원 전문성 신장

영재를 판별하는 가장 정확한 방법은 도전적인 프로그램을 통해 학생의 능력과 열정을 장기간 관찰하는 것이다(Renzulli et al., 1981). 현재 대부분의 영재교육기관들은 단기간의 평가를 통해 학생을 선발하고 있으며, 교육을 실시하면서 교육이 학생에게 적합한지, 학생의 참여도 등은 고려하지 않고 있다. 때문에 학생이나 부모들은 영재선발에만 신경을 쓰고 정작 선발 후 교육에 대해서는 크게 관심을 두지 않는 것이 현실이다. 영재교육의 목적이 특성이 다른 영재들에게 특성에 적합한 교육을 제공하는 것임을 감안했을 때 교육의 몰입도를 높이고 영재선발의 신뢰도를 높이기 위한 방편으로 교육성과를 학생선발에 활용하는 방안을 도입해야 한다. 즉, 희망하는 누구에게나 영재교육의 기회를 제공하고 교육의 성과를 바탕으로 적절한 프로그램에 배치하는 것이 필요하다.

앞에서 소개한 Renzulli의 회전문 모형을 변형하여 국가차원의 영재교육 회전문 모형을 실시하는 것은 영재학급, 영재교육원, 영재학교를 특성화하면서 영재교육의 질을 높이는 방안이 될 수 있다([그림 6-5] 참조). 즉, 일정기준 이상의 학생은 1단계인 재능 탐색 및 발굴단계의 교육에 참여하게 한다. 이는 영재학급이나 온라인 교육을 통해 제공할 수 있을 것이다. 이와 같은 1단계의 교육성과를 참고하여 재능이 있고 더 도전적인 프로그램을 필요로 하는 학생은 2단계인 심화교육에 참여시킨다. 2단계 교육은 영재교육원을 중심으로 이루어지며, 교과 심화교육 또는 첨단과학기술, 융합 등 다양한 프로그램을 제공하여 학생의 관심과 수준에 적합한 교육을 제공할 수 있도록 한다. 2단계 교육이 얼마나 다양해지는가가 이

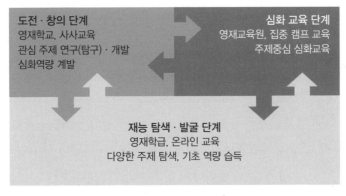

[그림 6-5] 회전문 모형 영재 발굴 및 교육체계

모델의 핵심이 될 것이다. 영재들은 일반 학생들과 차이점을 나타내지만 영재학생들 간에도 수준과 관심영역에서 큰 차이를 나타낸다. 영재교육이 타고난 영재성에 맞게 교육기회를 제공하는 것이라면 영재들의 다양성을 고려한 교육프로그램의 다양화가 필요하다. 역시 이와 같은 단계의 교육성과를 기반으로 더욱 도전적인 프로그램이 필요한 학생은 3단계인 도전 · 창의단계의 교육프로그램에 참가한다. 초등학생의 경우는 사사교육이 될 것이며, 중고등학생은 영재학교에서 교육을 받을 수 있도록 한다. 이와 같은 모형은 영재교육 대상자 선발의 과정을 단순화하고 장기간의 재능관찰을 통해 타당성과 신뢰성을 높이는 방안이 될 것이며, 교사들로 하여금 교육프로그램과 교육의 과정에 더 집중할 수 있도록 할 것이다. 학생의 입장에서도 교육에 대한 몰입도를 높여 보다 효율적인 교육이 이루어질 수 있을 것이다. 이를 위해서는 국가차원에서 영재학급, 영재교육원, 영재학교를 특성화하고 서로 유기적 관계가 이루어질 수 있도록 하는 정책이 필요하다.

한편 앞에서 살펴본 것처럼 현재 영재교육 상황은 교사로서의 사명감과 열정만으로 영재교육을 담당하기에는 매우 어려운 상황이다. 가장 큰 문제점은 전문성 계발, 지원체계 미흡과 양질의 교육콘텐츠 부족 등이다. 이를 해결하기 위한 방안을 제시하면 다음과 같다. 첫째, 영재교육 담당교원을 위한 양질의 연수를 제공해야 한다. 현재 영재담당 교원의 전문성 신장을 위한 연수는 기초과정, 심화과정 및 전문과정 등이 있지만 실제 내용은 거의 비슷한 영재교육개론의 수준을 크게 벗어나지 못하고 있다. 참여교사의 기준도 명확하지 않아 처음 영재교육을 접하는 교사와 경력이 있는 교사가 섞여 있어 모두에게 도움이 되지 않는 형식적인 연수가 이루어 지고 있다. 영재교육 담당교사의 전문성 신장을 위해서 현재의 단계별 연수과정을 표준화하고 참여기준을 엄격히 하며 전문적인 강사를 육성하여 연수의 질을 높이고 체계화해야 한다. 또한 영재교육 담당 교원을 담임교사(미국에서는 영재교육 코디네이터라고 한다)와 수업을 담당하는 강사로 이원화할 필요가 있다. 실제적으로 영재교육 프로그램의 질은 기획·운영·관리를 담당하는 담임교사의 전문성에 좌우된다. 오랜 기간 영재교육에 참여한 교원을 담임교사로 임명하고 전문 연수를 제공하여 전문성을 바탕으로 체계적인 영재교육 프로그램이 이루어질 수 있도록 해야 한다. 전문성을 갖춘 소수의 영재교육 담임교사에게는 가능하다면 적절한 보상체계도 마련할 필요가 있다.

둘째, 현장을 지원할 수 있는 지원체계를 구축해야 한다. 아무리 연수를 통해 전문성을 신장했더라도 실제적인 교육을 실시할 때에는 많은 어려움을 겪게 된다. 이때 제대로 대처하기 위해서는 전문적인 지원을 해줄 곳이 있어야 한다. 우리나라 영재교육은 시·도를 중심으로 이루어지므로 이와 같은 지원기관은 시·도별로 구축하는 것이 바람직할 것이다.

셋째, 양질의 교육콘텐츠를 개발하여 제공해야 한다. 그동안 일부 교육콘텐츠가 개발되었지만 현장의 교원에게 잘 전달되지 않고 있으며, 콘텐츠만 제공해서는 교사가 이를 제대로 교육에 활용하기 어렵다. 영재교육 담당교원 연수에서 콘텐츠를 활용하는 과정이 포함된다면 콘텐츠의 활용도를 높일 수 있을 것이다.

마지막으로 영재 수업을 담당하는 강사의 경우 외부의 인력을 활용하는 것도 고려해 볼 필요가 있다. 예를 들면 과학영재교육의 경우 이공계 출신 유휴인력 등에게 일정한 영재교육에 대한 연수를 제공하여 영재교육에 대한 이해를 높이고 이들을 활용한다면 부족한 영재교육 담당 강사의 문제를 해결할 수 있을 것이다.

⚙️ 영재교육 지원체계 혁신

❶ 중앙부처의 역할 분담

우리나라 영재교육의 대부분이 과학영재교육임을 감안하면 교육부와 과학기술정보통신부의 역할분담과 협력이 매우 중요하다고 할 수 있다. 두 부처 간 효율적인 역할분담과 협력을 논하기에 앞서 두 부처의 영재교육 상황을 간단히 살펴보면 다음과 같다. 먼저 교육부는 시·도 교육청을 중심으로 해당 시·도에 거주하는 학생들을 대상으로 영재교육을 실시하고 있다. 대부분 일반 초중고와 교사를 중심으로 운영하며, 일부 시·도는 지역 대학에 위탁하여 교육을 하고 있다. 대부분이 교과를 중심으로 심화된 내용을 학습하는 영재교육을 한다. 과기정통부는 대학을 중심으로 과학영재교육을 실시하고 있는데, 교수 또는 전문 인력이 교육을 담당하고 있다. 역시 해당지역의 학생을 대상으로 교과 중심의 심화 교육을 하고 있다. 즉, 두 부처의 영재교육에서 교사와 전문인력이 교육을 담당한다는 차이를 제외하면 매우 유사하다. 특히 일부 시·도에서는 대학과의 연계가 잘 이루지기도 하지만 대부분은 서로 독립적으로 운영되는 경우가 많아 교육의 연계가 잘 이루어지지 않고 있다. 즉, 영재들이 요구하는 교육의 다양성이 거의 없어 선택의 여지가 없으며, 중복과 경쟁 등 비효율이 발생하고 있다.

국가 차원의 효율적인 영재교육을 실시하기 위해서는 교육부가 중심이 되어 국가 전체의 영재교육 정책을 수립하되, 각 부처의 목적을 달성할 수 있으며, 장점을 효율적으로 활용할 수 있는 방안을 모색할 필요가 있다. 이를 위한 역할분담과 연계협력을 강화해야 하는데 구체적인 방안을 제안하면 다음과 같다(〈표 6-6〉 참조). 첫째, 타 중앙부처가 영재교육을 실시하는 목적은 명확하게 해당분야 엘리트를 육성하는 것이다. 교육부는 초·중등교육 주무부처이므로 자연스럽게 다양한 분야의 재능 있는 영재를 발굴하는 특수교육(재능발굴)에 초점을 두어야 하며, 총괄부처로서 종합적으로 관리하는 역할을 담당해야 한다. 둘째, 영재교육종합계획을 수립 시 각 부처의 계획을 포괄하여 계획을 수립해야 한다. 현재처럼 교육부만의 계획을 수립해서는 종합계획이라고 하기 어렵다. 각 부처 또한

〈표 6-6〉 교육부와 타 중앙부처 영재교육 역할분담 방안

구분	교육부	타 중앙부처
영재교육 목적	국가 영재교육 총괄 다양한 분야 재능아동 발굴	해당분야 엘리트 육성
정부계획	영재교육 진흥 종합계획	각 부처 영재교육 계획
주관	시·도교육청	한국과학창의재단 발명진흥회 등
교육기관	일반학교, 교육청 소속기관	대학 등 전문기관
	과학고, 영재학교	
학생선발	해당 시도 거주 학생	전국 단위 학생
교육내용	수학, 과학 등 교과중심	다양한 분야 전문 교육
주 교육담당인력	교사	교수 등 전문인력

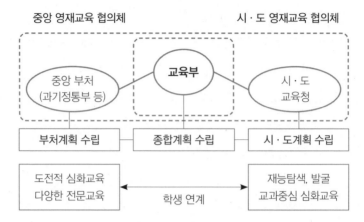

[그림 6-6] 중앙부처, 시·도 교육청 연계 협력 방안

초·중등학생을 대상으로 한 계획을 교육부와 협력없이 수행하기 어렵다. 셋째, 시·도 교육청과 부처 간에 학생연계 및 교육에서 협력이 이루어질 수 있도록 조정하는 역할을 담당해야 한다.

넷째, 교육부와 중앙부처, 교육부-시·도 교육청 간 협의체를 구성하여 전체적인 국가 영재교육의 전반적인 상황을 지속적으로 관리하는 것이 필요하다([그림 6-6] 참조).

❷ 시·도 영재교육 지원체계

앞에서 언급한 것처럼 우리나라의 영재교육의 대부분은 시·도 교육청을 중심으로 운영되고 있는데 정작 시·도의 영재교육을 지원하는 기관이 없다는 것은 시급히 해결해야 할 문제이다. 영재교육 지원체계는 크게 두 가지 측면으로 나누어 생각할 수 있는데 하나는 행정 지원체계이고, 다른 하나는 교육 지원체계라고 할 수 있다. 현재 우리나라의 영재교육 지원체계는 [그림 6-7]과 같이 구성

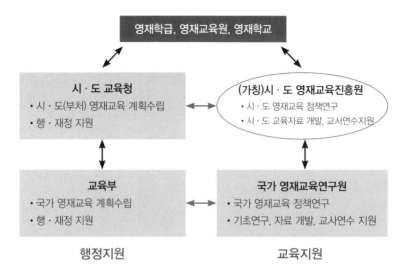

[그림 6-7] (가칭)시·도 영재교육진흥원의 포함한 행정·교육지원체계

되어 있는데, 행정 지원체계는 잘 갖추어져 있지만 교육 지원체계는 중간과정이 빠져 있는 것을 볼 수 있다.

이를 통해 영재교육 담당자가 왜 행정중심(양적 중심)으로 운영할 수밖에 없으며, 질적 수준을 관리하기 어려운지를 알 수 있다. 중앙정부를 지원하는 국가 영재교육연구원처럼 시·도의 영재교육을 지원하는 기구가 필요하다. 각 시·도의 영재교육 환경이 다름을 고려했을 때 국가 지정 영재교육연구원에서 모든 시·도의 영재교육을 지원하는 것은 현재의 규모로 불가능하고 효율적이지도 못하다. 이미 일부 시·도에서는 교육지원체계를 갖추고 있다. 예를 들면 부산시 교육청의 경우 부산 영재교육진흥원을 운영하고 있고, 일부 시·도에서는 교육과학원이 영재교육 지원업무를 담당하도록 하고 있다. 이와 같은 시·도의 진흥원이 제도화될 수 있도록 법 개정이나 정책이 수립되어야 한다. 즉, 행정지원은 현재와 같은 구조로 운영하고, 국가 지정 영재교육연구원과 (가칭)시·도 영재교육진흥원의 연계협력을 통해서 현장을 지원하는 체계가 구축된다면 각 시·도의 특색을 살리면서 영재교육의 질적 수준을 제고하는 데 도움을 줄 수 있을 것이다.

⚙ 영재교육진흥법 개정

한편 「영재교육 진흥법」은 2000년 제정 이후 근 20년의 시간이 지났다. 그동안 일부 보완과 수정이 이루어졌으나 근본적인 변화는 없었다고 할 수 있다. 4차 산업혁명시대의 도래는 영재교육의 변화를 요구하고 있고, 이를 위해서는 법령의 개정을 통해 새로운 변화가 시행될 수 있는 기반을 마련해야 한다. 그동안 제기되었던 법령의 형식적 문제나 미비점뿐만 아니라 지금까지 논의한 새로운 영재교육을 실시하기 위해 법령의 전면적인 개정이 필요하다. 새로운 영재교육을 위해 반드시 포함되어야 할 법 개정 사항을 제시하면 다음과 같다. 첫째, 영재교육 대상자를 선발하여 제한적으로 교육하기보다 누구나 교육에 참여할 수 있도록 하고 교육성과를 활용하여 학생에게 재능에 적합한 교육프로그램에 참여할 수 있도록 해야 한다. 즉, 선발보다는 교육이 더 강조될 수 있도록 해야 한다. 현재의 법령에서는 미리 학생을 선발해야 한다. 둘째, 영재교육기관을 특성화하여 영재들이 자신의 수준과 관심에 따라 선택할 수 있는 다양한 교육이 제공될 수 있도록 하여야 한다. 셋째, 다양한 형태의 영재교육이 이루어질 수 있도록 해야 한다. 즉, 미래의 교육으로서 온라인 영재교육이나 집중캠프와 같은 영재교육이 운영될 수 있도록 해야 한다. 넷째, 교사를 위한 지원을 강화하고 다양한 전문 인력들이 영재교육에 참여할 수 있도록 해야 한다. 다섯째, 시·도의 영재교육이 내실 있게 운영될 수 있도록 지원기구 설치를 의무화해야 한다. 마지막으로 영재교육이 안정적이고 지속적으로 운영될 수 있도록 정부와 지자체의 영재교육 지원 의무 사항이 포함되어야 한다.

4차 산업혁명시대는 이미 우리에게 와 있다. 인공지능의 등장과 과거에는 상상하기 힘든 다양한 융합기술과 분야가 쏟아지고 있지만, 4차 산업혁명의 핵심은 아이러니하게도 사람이다. 국가가 다양한 분야에서 재능 있는 인재를 육성하는 것은 선택이 아니라 필수이다. 소수의 학생만을 대상으로 한 과거의 영재교육에서, 타고난 잠재적 능력에 맞게 재능을 계발하는 기회로서 영재교육의 대전환이 필요하다.

Chapter 7

소수 과학영재
프로그램 혁신전략

2002년 우리나라에서 본격적으로 영재교육이 시작된 초기에는 매우 소수인 0.1%의 영재를 대상으로 영재교육이 실시되면서 대상자를 선발하는 과정이 제한적일 수밖에 없었다. 소수의 학생을 선발해야 하는 경쟁적인 환경에서는 영재의 특성 중 인지적 능력이 강조될 수밖에 없어서 선발과정에서 매우 높은 수준의 수학, 과학 능력을 요구하게 되었고, 이에 대한 확인은 주로 지필 평가로 이루어졌다. 하지만 이러한 지필 평가에 의한 대상자 선발은 영재성이 이미 발현되었거나 사교육 등을 통해 만들어진 학생들이 선발되기 쉬워, 의도치 않게 사회적 소외계층의 미성취 영재들이 소외되는 문제가 발생하였다. 이에 2005년에 개정된 「영재교육 진흥법」에서는 소외계층을 배려하기 위한 법적 근거를 만들게 되었다. 「영재교육 진흥법」 제5조(영재교육 대상자 선정) 2항에는 '소외계층에 관한 교육복지를 확충하고 이들에게 영재교육의 기회를 제공하기 위해, 영재교육 대상자 선발에 있어서 저소득층 자녀, 사회적 취약지역 거주 등 사회·경제적 이유로 잠재력이 충분히 발현되지 못한 영재를 선발하기 위한 별도의 선발 절차를 마련하는 등의 조치를 취할 수 있다'는 내용을 추가하였다. 정부는 이러한 법적 근거를 마련했을 뿐만 아니라 사회통합을 강화하기 위해 소외계층을 위한 영재교육 기회 확대를 영재교육의 주요 추진 전략으로 삼았다. 그 일환으로 제3차 영재교육진흥 종합계획에서는 영재교육 사각지대에 놓인 소외계층 영재에 대한 영재교육 기회 및 지원을 확대하여 전체 영재교육 대상자 중 소외계층의 영재교육 수혜율을 2.46%(2012)에서 10%(2017)로 증가시킬 것이라고 발표하였다(교육부, 2013). 이처럼 공교육 영재교육에서 소외계층 영재들을 위한 정책 제안은, 사회 경제적으로 어려운 영재의 잠재력을 최대한 계발하여 개인과 국가 사회의 발전에 이바지하게 하는 한편, 자아를 실현할 수 있는 기회를 가지게 한다는 사회통합적 관점에서 큰 의미를 가진다고 할 수 있다. 하지만 소외계층 영재교육에 대한 철저한 준비없이 급격하게 대상을 확대하는 정책은 진정으로 소외계층 영재들에게 어떤 도움을 주고 있는지 의문이 들게 한다.

한편 영재교육에서 가장 교육지원이 필요한 미취학 아동이나 초등학교 저학년 학생의 경우 매우 뛰어난 능력을 나타내더라도 현재의 영재교육체계에서는 선발이나 적절한 교육을 제공받을 수 있는 시스템이 부족한 상황이다. 이에 「영재교육 진흥법」 개정을 통해 제2조와 제16조 ~ 제18조에는 타고난 재능이 현저히 뛰어나 특별한 교육적 지원이 필요한 특례자(고도영재)에 대한 정의와 이들을 지원하는 내용의 조문이 포함되었다. 하지만 이 또한 발굴 및 교육의 어려움, 조기 영재 선발에 대한 사회적 부작용 등의 이유로 적극적인 정책을 마련하지 못하고 있는 실정이다.

따라서 이 장에서는 영재교육에서 소외되기 쉬운 소외계층 및 매우 어린 고도영재 등의 소수 영재를 발굴하고 육성하기 위한 혁신전략을 제시하고자 한다.

01

사회통합을 위한 소외계층 영재교육 혁신전략

'소외'라는 용어는 주류의 집단이나 문화에서 따돌리거나 멀어진 경우를 말하는데, 이 용어를 영재교육에 적용하여 사용할 때에는 교육현장에서 실시되고 있는 영재교육을 받게 되는 대상자에 쉽게 포함되지 못하는 집단을 지칭하여 사용한다. 주로 사회나 집단의 주류계층에서 벗어난 사람들인 이들을 우리는 '소외영재' 혹은 '소외계층 영재'라는 말로 일컬어 오고 있다. 이 집단의 학생들은 영재교육의 기회가 제한적으로 허용되는 상황이나 환경, 그리고 부모의 경제적·사회적 상황에 의해 소외영재라고 칭해지는 경우가 많다. 소외영재집단은 사회, 경제적인 준거를 포함한 다양한 준거에 의해서 결정되는데, 이들에 대한 많은 학자들과 기관들의 정의를 살펴보면 다음과 같다. 교육부에 의하면, 소외계층은 사회, 경제적 지위가 낮은 가정의 학생, 다문화 가정의 학생, 지리적으로 영재교육 접근성이 제한된 도서, 벽지 지역 학생, 장애가 있는 학생, 북한 이탈주민, 특정 영역에서 수혜가 부진한 학생들과 같이 영재교육의 기회가 상대적으로 제한되어 있는 계층을 말하며, 이들에 대한 관심은 점차 확대되고 있다고 보았다(교육인적자원부, 2007). 김수용 외(2009)는 소외계층 영재란 잠재적으로 영재성이 있으나 영재교육에 대한 기회가 제한되어 있는 학생으로 이들은 경제적으로 빈곤하여 학교 또는 다른 교육기관에서 영재교육을 받지 않고 있는 학생들이라고 하였다.

이러한 소외계층 영재학생들에 대한 지원을 체계적으로 실시하기 위해서 각 기관에서는 규정과 법률로 구체적이고 실질적인 도움을 주려고 노력하고 있다. 각 시·도 교육청 및 영재교육기관에서 소외계층 영재교육 대상자로 포함되는 가정은 기초생활수급자 가정을 비롯하여 한부모가족보호대상자와 차상위계층, 차차상위계층까지를 포함하고 있다. 또한 「도서·벽지 교육진흥법」 제2조에 근거하여 지리적·경제적·문화적·사회적 혜택을 받지 못하는 산간지역, 낙도, 수복지구, 접적지구, 광산지구에 거주하는 학생 및 행정구역상 읍, 면 지역에 거주하는 학생들도 사회통합 전형 대상자로 포함하여 영재교육기관의 선발대상자로 삼고 있다.

⚙️ 우리나라 소외계층 영재교육 현황 및 실태

2007년 2차 영재교육진흥종합계획에서는 사회적 통합성 강화를 위해 소외계층 영재교육의 기회를 확대하고 소외계층 영재교육의 기반을 확충하겠다는 중장기 계획을 발표하였는데, 당시 소외계층 영재교육 수혜자는 2,615명이었다. 이러한 소외계층 영재교육 수혜자는 2011년에 3,532명까지 확대되었지만, 2016년에는 전체 영재교육 수혜자의 10.6%인 1,292명으로 축소되었다. 이 또한 의무적으로 사회통합대상자를 20% 선발하는 과학고등학교 학생을 제외하면, 시·도 교육청 영재교육원의 경우 사회통합 전형은 전체의 4.8%, 과학영재고등학교의 사회통합 전형은 4.6%에 불과하다(〈표 7-1〉참조).

〈표 7-1〉 과학영재교육기관 사회통합대상자 수(2015)

구분	학생 수			사회통합대상자 비율 (%)
	일반전형	사회통합대상자	합계	
영재교육원	5,225	265	5,490	평균 4.8%
과학고	3,480	924	4,404	평균 21.0%
영재고	2,161	103	2,264	평균 4.6%
합계	10,866	1,292	12,158	평균 10.6%

출처: GED 통계(2016), 한국교육개발원

과학영재교육기관별 사회통합대상전형을 유형별로 살펴보면, 경제적 사유로 과학영재교육기관에 등록한 학생은 전체 과학영재교육기관 사회통합대상자의 38.7%인 500명이다. 지리적, 사회적 이유인 비경제적 사유로 과학영재교육기관에 등록된 학생은 전체 사회통합대상자의 61.3%인 792명이다. 경제적 사유로 인해 영재교육을 받고 있는 학생들의 대부분은 과학고에 재학 중이며(총 373명, 2015학년도), 시·도 교육청에서 운영하는 영재교육원에도 93명의 학생들이 있다(〈표 7-2〉참조).

〈표 7-2〉 과학영재교육기관 사회통합대상자 유형별 학생 수(2015)

구분	경제적 사유		비경제적 사유						기타	합계
	기초생활	차상위	도서벽지거주	특수교육대상	읍면지역거주	다문화자녀	북한이탈자녀	한부모/조손		
영재교육원	31	62	2	3	102	15	0	16	34	265
과학고	137	236	2	1	83	15	1	132	317	924
영재고	5	29	1	2	41	3	0	8	14	103
합계	173	327	5	6	226	33	1	156	365	1,292

출처: GED 통계(2016), 한국교육개발원

사회통합 전형으로 입학한 학생들의 학교생활 적응을 도와주기 위해 과학고와 영재고와 같은 특수목적 고등학교에서는 '브릿지 프로그램'이라는 이름으로 신입생 입학전과 입학후 학교생활적응 멘토링 프로그램 등을 운영하고 있다. 하지만 이러한 교육중재 프로그램들은 입학이 결정되고 난 후에 진행되는 것으로, 입학시점에 일반 전형으로 입학한 학생들과 비교했을 때 보이는 학력 차이를 줄이기에는 다소 부족한 점이 있다. 실제로 사회통합 전형으로 입학한 학생들은 일반전형으로 입학한 학생들에 비해 낮은 학업성취도를 보이고 있으며, 이로 인해 자신감 하락 등의 정서적 문제를 발생할 소지를 안고 있다.

⚙ 해외 소외계층 영재학생 교육 현황

소외계층에 대한 연구들과 교육들은 해외에서도 활발하게 이루어지고 있다. 그들이 한국의 소외계층 영재연구들과 다른 점은, 대상이 매우 다양하다는 것이다. 다문화 집단이 한국보다 다양하게 발달된 외국에서는 경제적인 준거에 의한 집단구분과 더불어 문화와 인종적인 준거에 의한 집단구분이 뚜렷하여, 이에 따라 주류 문화와 주변 문화 등이 결정되는데, 각국의 소외계층 영재학생들을 위한 교육 현황을 간단히 살펴보자.

❶ 미국의 소외계층 영재교육 현황

미국의 경우, 인종, 문화, 경제적 이유 등의 다양한 배경을 가진 영재학생이나, 흑인, 히스패닉, 아시안 배경의 학생들, 영어가 모국어가 아닌 학생들, 사회경제적 지위가 낮은 집단 출신 학생들은 영재프로그램에 많이 선발되지 못하는 소외영재들이며, 이들은 문화, 언어, 경제적 다양성 학생(Culturally, Linguistically, and Economically Diverse: CLED)으로 불리고 있다.

미국의 소외계층은 다문화 민족이 많은 지역의 경우 흑인들(Ford, Grantham, & Harris, 1996; Frasier, 1997)과 히스패닉계 학생들, 미국 인디언(Tonemah, 1987)과 같이 인종이나 민족을 근거로 나눌 때도 있고, 영어를 모국어로 하지 않는 학생들이나 빈민층 학생들, 혹은 특정 지역에 살고 있는 학생들(예를 들면, 시골이나 도심지역, 보호구역 등)과 같이 문화적·경제적 근거로 소외계층을 나누기도 한다. 미국의 여러 연구들은 열악한 생활환경과 교육환경은 소외계층 학생들의 학업에 부정적인 영향을 미칠 뿐만 아니라 더 나아가 정상적인 정서 및 행동 발달에도 방해가 된다고 결론짓고 있다. 또한, 소외계층 학생들은 고등학교 중도 탈락률이 높으며, 학업성취도도 낮아서 성인이 된 후에 제대로 된 일자리를 찾지 못하는 등 빈곤의 악순환이 반복되고 있다고 본다.

특히, 소외계층의 영유아들 중 30~40%는 제대로 된 유아교육을 받지 못해 취학 후 수업을 정상적으로 따라가기 힘든 것으로 나타났으며, 이로 인해 교육격차가 계속 벌어지는 악순환이 지속되고 있다.

이처럼 환경에서 비롯된 소외계층 학생들의 교육적 격차를 줄이기 위해 미국에서는 소외계층 학생들의 잠재력과 재능 계발을 위해 많은 노력을 기울이고 있다. 연방정부의 Jacob Javits Gifted and Talented Students Education Act에 근거한 연구비와 각종 재단의 지원금 등으로 소외 영재들에게 교육기회를 제공하고 있다. Javits Grants는 5년에 한 번씩 프로젝트당 25억 내외의 예산을 총 8~10개 프로젝트에 지원하고 있는데, 예를 들어 Project HOPE 는 2009~2014년 동안 영어가 서툰 뉴욕시와 South Carolina주 Charleston시 이민자 가정의 학생 중 수학에 잠재력을 보인 3학년 학생들을 교사추천으로 선발한 다음 언어적인 지원과 함께 도전적인 수학 프로그램을 3년간 실시하였더니, 수학 성취도와 창의적 문제해결력이 높아졌다고 보고하고 있다(Cho, Yang, & Mandracchia, 2015).

연구에 의하면, 미국 학교 교육체제에서 흑인들과 인디언계 미국인, 라틴계 미국인 학생들은 최상위 학업성취 집단에서 소외되고 있다고 한다(Ford, Grantham, & Whiting, 2008; Olszewski-Kubilius & Clarenbach, 2012). 영재교육 프로그램에서도 이 집단의 학생 비율은 전체 인구 대비 상대적으로 저조한 편이어서, 이들을 영재로 판별하기 위한 다양한 준거들에 관한 연구가 진행되고 있다.

미국의 영재교육 프로그램에 저소득층 학생들과 문화적·인종적 소외계층 학생들을 더 많이 참여시키기 위해서 두 가지 전략이 실시되고 있다. 첫 번째는 조기판별을 통해 영재프로그램에 참여시키는 것이고, 다른 하나는 보다 개방적인 방법으로 영재판별을 실시하는 것이다(Daugherty & White, 20008; Olszewski-Kubilius & Clarenbach, 2012; Tout, Halle, Daily, Albertson-Junkans, & Moodie, 2013). 예를 들어 학생들의 능력을 평가하기 위해 기존의 지능검사보다는, 비언어적 검사 등이 소외계층 영재 학생들을 판별하는 데 보다 적절한 것으로 알려져 있다(Naglieri, 2008; Naglieri & Ford, 2003).

'성취도가 높은 학생'과 '잠재력이 높은 학생' 사이의 구분이 필요하다고 본 Lohman(2005)은 학문적으로 뛰어난 능력을 보일 수 있는 기회의 유무에 따라 이들을 판별하고 영재프로그램에 배치하는 것이 맞지만, 이 두 집단의 학생들이 가지고 있는 특별한 요구에 맞는 프로그램을 개발하지 못하면 영재교육 프로그램은 실패할 수 있다고 보았다. 그는 영재교육 프로그램의 성공 열쇠는 특정한 평가 도구들의 강점과 한계점을 제대로 이해하는 것이라고 하면서, 비언어적 방법이 영재아동의 판별과정의 한 부분으로 사용될 수는 있지만 이것에만 의존하기보다는 여러 판별방법들 중 하나로 활용되어야 한다고 보았다(Lohman, 2005).

미국에서는 소외계층 학생들을 영재교육 프로그램에 많이 등록시키기 위해서는 교사의 역할이 중요하다고 보고 있다. 학생의 영재성을 가장 먼저 발견할 수 있는 사람은 일반 학급의 교사들이므로, 일반 교사들을 위한 연수에 저소득층 학생들의 저조한 영재교육 프로그램 참여율과 관련한 이슈 및 이 학생들을 영재로 판별하기 위한 다양한 방법들을 알려주어야 한다고 주장하고 있다(Brulles, Castellano, & Laing, 2010; Peters & Gentry, 2012; Reed, 2007; Swanson, 2006).

영재프로그램의 소외계층 입학에 교사교육이 중요하다고 주장하는 Frank(2007)는 재미있는 실험을 하였다. 영재프로그램에 이민가정의 자녀들이 한 명도 없는 지역의 교사들을 두 집단으로 나누어 연수를 실시했는데, 한 교사집단에는 소외계층 영재들의 판별과정에 대해 설명을 했고, 다른 집단에는 소외계층 영재들에 대해 전혀 언급을 하지 않았다. 이듬해 소외계층 영재 판별에 대해 연수를 받은 지역에서는 두 명의 이민가정 출신 학생이 영재로 선발된 반면, 연수를 받지 않는 지역에서는 소외계층 학생들이 여전히 영재로 판별되지 않았음을 알게 되었다.

그 외에도 소외계층 학생들의 영재프로그램 등록을 위한 노력들이 다방면으로 이루어지고 있다. Northwestern 대학 영재교육센터(Center for Talent Development)의 EXCITE 프로젝트는 고등학교 영재교육 프로그램에 소외계층 학생들의 수를 늘릴 목적으로, 고등학교를 다니기 전 학생들에게 여러 학문적 심화과정을 제공하고, 학부모들과의 연계 및 친구집단의 지원 등을 통하여 고등학교에서 높은 학업 성취를 할 수 있도록 도와주고 있다(Adams & Chandler, 2014).

❷ 독일의 소외계층 영재교육 현황

독일 교육에서 소외계층(Bildungsbenachteiligte)은 개별직·사회적·재정적·문화적으로 결핍이 있어 교육 시스템에서 교육적 성취 기회가 적은 특정집단을 말한다(Brüning & Kuwan, 2002). 부모의 교육수준, 경제수준, 사회적 수준이 낮은 소위 '사회적 하위계층' 자녀들은 교육성취에 있어 현저히 불리한 상황에 있으며, 교육에 있어서 이러한 불리한 요소들은 학생들의 미래 삶의 기회에 지속적으로 부정적인 영향을 주고 있다고 본다(Leu, Prein, 2010). 독일 교육정책에서 성취에 어려운 조건을 가지고 있다고 주목받는 집단은, 첫째, 부모의 교육수준이 낮은 경우나 한부모가정, 장기실업가정, 기초생활수급대상 가정과 같이 빈곤의 위험에 있는 집단과 둘째, 해외에서 이주해 온 청소년으로 이들은 2000년 PISA 연구 발표 후 독일 교육문제의 핵심이 되고 있다. 셋째, 심리장애, 신체장애, 학습장애 등과 같은 장애를 가진 집단을 들 수 있다 (Deutsches Jugendinstitut, 2010).

독일은 30년 전까지만 해도 영재교육에 대해서 냉담한 편이었으나, 특별한 재능을 가진 학생과 청소년을 지원하는 것을 학교의 중요한 목표로 삼도록 학교법을 개정하면서 모든 학생들의 개별적 지원에 대한 개선에 관심을 높였고, 이에 따라 영재학생에 대한 특별지원도 증가하고 있는 실정이다. 최근 국제학업 성취도 검사에서 독일학생들의 학업 성취도 결과는 충격적이었다. 이후 독일 연방 정부는 독일 학생들의 학업 성취도뿐 아니라 STEM과 영재교육에 대해서 관심을 가지기 시작하였다.

연방정부체제인 독일은 각 연방정부에서 교육문제에 대해 각자의 고유한 정책을 가지고 있다. 독일은 초등 4학년까지 초등과정(Grundschule)이지만, 5학년부터는 학생들의 특성에 따라 대학으로 진학하는 인문계고교(김나지움, Gymnasium)와 실업학교(레알슐

레, Realschule)와 기본학교(Hauptschule) 등으로 나뉘어지며, 16개 연방정부는 각각 다양한 종류의 교육시스템을 가지고 있다.

독일에서 영재의 개념은 더 이상 타고난 것이자, 평생 변하지 않는 개념이라고는 생각하지 않는다. 오히려 영재성은 뛰어난 성취를 위해 잠재된 개인의 특성으로 이해하여, 잠재력을 발휘할 수 있도록 환경적 영향과 개인적 특성을 고려하여 성취를 이루게 하는 것을 중요하게 생각하고 있다.

독일의 영재교육은 크게 속진과 심화, 속진과 심화의 병합 형태로 진행된다. 속진은 조기입학, 나이가 아닌 능력에 의한 학년구성, 월반, 과목 속진이 있고, 심화의 경우는 개별화된 교육과정, 소집단학습, 심화과목, 학생성취도 평가 및 대회, 대학이나 대기업과의 협력, 교환학생 프로그램이 있으며, 속진과 심화를 병합한 프로그램은 집약수업, 속진학급, 이중언어 학급, 영재학생들을 위한 특수학교(STEM, 어학, 음악, 스포츠 특화 학교), 대학에서의 연구활동 등이 있다.

주에 따라 있는 과학 중점 고등학교들은 주로 5학년이나 7학년부터 시작하며, 입학시험을 통과해야 한다. 학교마다 다른 입학시험을 가지고 있는데, Wilhelm Ostwald 김나지움의 경우 세 종류로 구성된 입학시험을 치루어야 한다. 첫 번째는 세 명의 지원자가 두 명의 교사와 함께 하는 토론을 거쳐야 하고, 두 번째는 45분 동안의 수학문제와 15분의 작문시험, 세 번째는 지원자들을 소집단으로 나누어 10개의 과학 현상에 대한 그들의 이해도를 바탕으로 한 워크숍을 한다. 이렇게 통과된 학생들은 11학년과 12학년이 되면 여러 과학 올림피아드에 참여하여 자신들의 실력을 평가해 본다.

이 외에 헥타 재단의 지원으로 이루어지는 '헥타 세미나'는 일주일에 한 번 오후에 이루어지는 프로그램으로 시험을 통과한 학생들을 대상으로 하며 융합과학에 대한 내용을 토대로 수업을 진행한다. 이 외에도 독일은 고등학교에 과학 특별학급이 있고, 국가 차원의 경시대회 등이 존재하며, 경제적인 도움이 필요한 학생들의 경우 여러 재단이나 정부에서 다양한 프로그램을 통해 도움을 주고있다.

❸ 영국의 소외계층 영재교육 현황

영국은 국민 평균 소득의 60% 이하인 가정의 아동을 빈곤아동(child poverty)으로 규정하고 있다. 최근 영국 정부는 빈곤아동부(Child Poverty Unit: CPU)를 신설하여 기존의 가구소득 기준과 더불어 교육자원 및 가정 내 학습 환경, 부모의 정신적·신체적 건강 상태 등까지 고려해 빈곤아동의 기준을 세분화하고 있다.

영국 정부에서는 저소득층 학생들의 학업 성취에 많은 노력을하고 있으며, 지역 환경 및 개별적 상황에 부합되는 교육격차 해소 방안을 다각적으로 모색하고 있다. 하지만 연구 조사에 따르면 이러한 정부의 노력에도 불구하고, 명문대학에 재학 중인 저소득계층 자녀의 비율은 매년 감소하고 있는 것으로 나타나고 있다. 또한 소득기준으로 상위 20% 출신의 학생들이 명문대학에 진학하는 비율이 하위 40% 출신 학생들보다 7배에 달하는 것으로 나타나, 최근의 빈부격차는 1990년대 중반에 비해 6배 정도 증가한 것으로 볼수 있다고 한다. 이에, 영국 교육평등청(Office for Fair Access: OFFA) 청장인 엡든 교수는 재능이 있는 저소득계층 학생들을 발굴하기 위하여 대학들이 각 학교를 방문해야 하며, 명문대학들이 더 많은 노력을 기울여야 한다고 주장하고 있다(한국교육개발원, 2012).

영국의 서튼 기금재단(Sutton Trust)과 같은 기관에서는 저소득층 및 중산층 가정 학생들의 명문대학 진학률을 높이기 위해 명문대학에 교육프로그램을 설치하여 그들이 미래를 위해 더 높은 열망을 가지고 학습에 정진하면서 올바른 학교 선택을 하도록 도와야 한다고 하고 있다. 이 계획은 우수한 어린 학생들에게 기회 향상을 통해 사회이동성을 증진할 수 있는 일환으로 추진되고 있는데, 정부 역시도 전국 공립학교의 최우수 학생들이 참여할 수 있는 국가적인 프로그램을 만들 필요가 있음을 역설하고 있다. 이에 이 교육프로그램은 교육평등을 실현하고자 명문대 입학률이 낮은 낙후지역 학교들의 학생들을 우선적으로 선발하고 있다. 이렇게 선발된 학생들은 케임브리지대, 노팅엄대, 런던대(UCL)와 워릭대(University of Warwick)의 세미나 수업에 6일간 참여하면서 자신과 미래에 대해 긍정적인 기대를 갖게 한다.

❹ 프랑스의 소외계층 영재교육 현황

프랑스에서는 프랑스어를 모국어로 하지 않거나, 교육복지투자우선지역에 살고 있는 학생들을 소외계층 학생들로 분류하고 있다. 공정과 평등을 중요시하는 프랑스는 공식적으로 영재교육을 실시하고 있지는 않지만 소외계층 우수학생들을 위한 지원은 꾸준히 실시해 오고 있다.

프랑스 교육부에서는 1981년에 교육적 문제 혹은 사회문제에 대처하기 위해 사회교육적으로 열악한 지역의 학생들을 위한 방안으로, '우선 교육 지역(Zone d'ZEP: Zone d'Educqtion Prioritaire: ZEP)'을 지정하고 이 지역의 학생들을 위한 '우수 과정'을 발표하여, 중학교 4학년부터 고등학교 3학년까지 이 프로그램에 지원하는 학생들에게 학업 성취를 위한 평등한 기회를 보장하고 보조해 주는 개별적인 학업 계획 수립 등의 도움을 주고 있다.

최근 이 프로그램은 두 가지 방식으로 진행되고 있는데, 사회교육적으로 불우한 대부분의 공공이슈에 집중하는 réseaux ÉCLAIR와 전반적으로 수준이 고르지 않은 공공부문에 집중하는 RRS(Réseau de Réussite Scolaire)로 이루어진다. 2012년에는 951개의 유치원과 1,145개 초등학교, 333개의 중고등학교가 ÉCLAIR에 서명하였다.

〈표 7-3〉 우수과정에 등록된 교육 수혜 학생 수와 백분율

기관	초등학교	중학교	고등학교
RRS	690,152	366,771	15,556
ÉCLAIR	351,135	142,276	21,652
총합	1,041,287	509,047	37,208
총 수혜학생 비율	17.9%	19.6%	1.95%

*2013년 프랑스 교육부 통계

우수과정의 목적은 사회 · 경제적으로 소외된 지역의 학생들로 하여금 학업을 이어 가도록 하고, 능력을 키워 사회 진출을 하도록 돕기 위한 것이다. 우수과정은 약 10여 명의 소그룹으로 집단지도를 하여 지식 습득 강화는 물론 자신감, 동기부여 측면에서도 상승효과를 이루도록 노력하고 있다. 또한, 개인별 수준에 맞춘 학습,

문화 교육, 기업 방문, 개인 진로 지도 등을 동반하고 있으며, 우수과정의 효과를 위해 고등교육기관들은 물론 재계, 기업, 공공 서비스 기관, 여러 협회 등과 협력 체제를 구축하여 진행하고 있다. 특히, 궁극적으로 고등교육기관으로 진학할 수 있도록 기회를 제공하고, 교육의 민주화 실현에도 목적을 두고 있다. 이에 따라, 2016학년도에는 우선교육지역 중학교 352개 학교를 대상으로 우수과정 프로그램을 설치하였다. 우수과정은 원하는 학생들에 한해 이루어지는데, 교육부는 352개 학교 학생의 20% 정도인 8,000명 정도가 지원할 것으로 추정하고 있으며, 이 과정은 이 학생들이 바칼로레아를 치를 때까지 지원된다. 학생들은 바칼로레아 시험을 치른 후 고등교육기관 진학과 취업을 통한 사회 진출 중에서 자신이 원하는 것을 선택할 수 있다.

2007년에 시작된 우수과정을 통해 많은 학생들이 고등교육기관에 진학하고 있다. 2007년 이래로 약 13,000명의 학생들이 고등교육으로 진학하였으며, 2015~2016학년도에 3,200명이 진학하였다. 이 중 66%는 여학생이었으며, 54%가 사회 · 경제계열, 16%가 문학계열, 23%가 과학, 7%가 기술계열로 진학하였다. 우수과정에 속한 92%의 학생들은 바칼로레아에 합격하였고, 72%는 '매우 우수', 혹은 '우수' 성적을 받았으며, 25%가 정치대학(IEP)에 입학하였다(전국적으로 정치대학 입학 비율은 10% 정도임을 감안하면 매우 높은 수준임).

프랑스 교육부에서는 학부모들에게 정보를 제공하는 차원에서 매년 전국 고교 순위를 발표하고 있는데, 전국의 4,500여 개 고교 중 일반계와 기술계 고교 49개, 전문계 고교 59개 학교의 순위를 매기고 있다. 고교 순위를 결정함에 있어, 단순히 바칼로레아 합격률만으로 평가하는 것이 아니라 학생들에게 가능성을 제공하는 것이 중요한 기준이라고 교육부는 밝히고 있다. 이 중 최우수 집단에 속하는 고등학교인 헨리 IV세 고등학교에서는 소외계층 학생들에게 도움을 주기 위해 매년 15~17%의 학생들을 우선교육지역에서 선발하고 있다고 한다.

또한 교육적 소외 지역인 센생드니(Seine-Saint-Denis) 지역의 알프레드 노벨(Alfred-Nobel) 고등학교는 학생의 약 86%가 바칼로레아를 응시하여 이 중 85%가 합격하였는데, 이 수치는 2014년 90%를 넘은 전국 평균에 비해서는 낮은 수치이지만, 학생들의 프로필과 그들이 살고 있는 지역의 열악한 수준을 고려할 때 기대치보다 15%나 높은 수준이라고 볼 수 있다. 이 학교가 이처럼 높은 성취율을 보인 이유는 교사들의 헌신에 가까운 노력에 의해 이루어진 것으로 교사들은 본인의 업무 이상으로 학생들을 위해 일을 하였고, 보충 수업을 실시하고, 토요일 아침 숙제 시간을 가졌으며, 6월부터 시험 준비반을 운영하고, 매일 저녁마다 학급 조교를 배치하여 학생들의 학업 성취도에 직접적인 도움을 주었기 때문이라고 한다.

프랑스의 명문대학으로, 경쟁률이 높은 그랑제콜에서는 사회경제적 소외계층에 대한 기회 제공을 목적으로 장학금 쿼터 제도를 확대하고 있는데, 그랑제콜들의 사회적 개방 현황 조사에 따르면 전체 그랑제콜 중 약 53.2%가 장학생의 30% 이상을 사회경제적 소외계층에게 지급하고 있는 것으로 나타났다고 한다. 10년 전부터 그랑제콜들은 장애나 출신, 사회계층에 상관없이 최고의 학생들을 받기 위해 노력하고 있으며 우선교육지역에 있는 우수한 학생들을 선택적으로 선발하여 매해 50~70%의 합격생들이 사회적 소외계층 출신으로 채워지고 있다고 한다. 이들은 입학 후 일반 과정으로 들어온 학생들과 거의 동등한 학업 성취 결과를 보이고 있는 것으로 알려지고 있다.

조사에 따르면, 약 490개 학교에서 19,000명의 소외지역 출신 학생들이 이 제도의 혜택을 받았으며, 5년 동안 140%까지 확대될 것으로 전망되는데, 이를 위해 평균 193,000유로를 들여 약 114명의 사회적 소외계층 학생들에 대한 인적, 물적 학습 보조 도움을 제공한 것으로 조사되고 있다. 조사를 담당한 Passport Avenir 협회는 소외계층에 대한 혜택 비율을 높이기 위해서는 그랑제콜 입학 쿼터 제도 이외에도 그랑제콜 준비반에 들어갈 수 있는 기회를 높이는 것이 필요하다고 강조하였다.

❺ 중국의 소외계층 영재교육 현황

중국에서 소외계층이란, 어떤 장애나 경제 · 정치 · 사회적 기회의 결핍으로 인해 사회적으로 불리한 지위에 놓인 구성원들의 집합으로 사회 자원의 분배과정에서 경제적으로 빈곤하고, 삶의 질이 낮은 상황에 처한 약자 계층이라 할 수 있다. 중국 중앙당교 사회학 연구실 주임 우쫑민 교수에 따르면, 2010년 기준으로 중국에 1.4억 인구가 빈곤층에 속한다고 한다. 이렇게 많은 소외계층의 자녀들은 경제적 빈곤으로 인해 교육을 제대로 받지 못하는 경우가 대부분이다. 이러한 교육적 소외계층으로는 농민공[1] 자녀와 농민의 도시이주로 농촌에 남겨진 자녀, 장애아동, 소수민족 지역의 아동, 그리고 실직 노동자 자녀가 포함된다. 중국 정부는 이러한 소외계층 아동들이 빈곤, 신체적 장애, 사회적 지위의 부재 등으로 인해, 학업 중도탈락 및 미취학 등 교육기본권을 침해당하는 것을 심각한 교육문제로 인식하고, 이를 개선하기 위해 적극적인 노력을 기울이고 있다. 중국에서는 도농 간, 지역 간, 학교 간, 집단 간 기초교육의 비균형 발전이 심각한 교육문제로 다루어져 오고 있는데, 안타깝게도 이 차이는 더욱 벌어지고 있는 추세라고 한다. 이러한 소외계층의 교육문제는 도시에 비해 농촌 지역이, 동부 연안에 비해 서부지역이, 그리고 고등교육에 비해 초중등 교육에서 더욱 두드러지고 있다.

중국 정부는 소외계층 자녀들의 교육적 기본권을 보장하기 위해 노력해 오고 있는데, 이들을 위한 대표적인 정책에 '양위주'원칙이라는 것이 있다. '양위주'원칙이란, 농민공 자녀에 대한 교육관리 및 재정지원은 농민공이 거주하는 지역의 정부가 책임지도록 하게 하고, 그동안 도시 변두리의 낙후된 사립학교에 다니던 이들에게 공립학교에 입학하여 양질의 의무교육을 받을 수 있도록 하는 등 교육평등에 초점을 두고 있다.

또한 2006년부터는 서부의 농촌 빈곤한 지역에 살고 있는 의무교육 대상 아동들에게 '양면일보'정책을 실시해 오고 있다. 이 정책은 2,400만 빈곤 가정의 학생들에게 학비와 기타 잡비의 납부를 면

---

1) 농민공: 농촌의 호적을 갖고, 도시로 이주하여 노동일을 하는 계층으로 중국의 호적제도로 인해 생겨난 특수한 신분. 이들은 중국의 공업화가 진전되면서 빠르게 증가하였고, 도시의 급속한 발전에 크게 기여하였으나, 사회적 권리나 이익을 제대로 보장받지 못하고 있으며, 이들의 자녀는 도시에서 공립학교 입학이 어려워 낙후된 사립학교에 다니는 경우가 대부분임.

제하고, 형편이 더욱 어려운 학생들에게는 교과서, 기숙사 혹은 생활비 등을 지원하고 있다. 이 정책은 2007년부터 전국 농촌 지역으로 확대 실시되었으며, 2008년부터는 도시 지역까지 포함하면서 현재는 전국적으로 전면 실시되고 있다. '양면일보'정책에서는 초중고 학생들에 대한 지원뿐만 아니라, 240만 빈곤 가정의 대학생들을 위한 장학금 지급 및 학자금 대출도 지원하며, 각 대학으로 하여금 등록금 수입의 10%를 빈곤가정 학생들을 위해 사용하도록 지시하고 있다. 이 정책의 실시로 빈곤 가정의 아동들이 교육을 받을 수 있게 되었으며, 이러한 기초교육의 보급을 통해 소외계층 아동들도 같은 출발선에서 시작할 수 있다는 교육평등을 실현하려고 노력하고 있다(한국교육개발원, 2013).

이외에도 중국의 명문대학들은 빈곤가정 출신의 우수 학생들을 선발하기 위해 농촌 수험생에 대한 특별선발을 실시하고 있으며, 베이징 대학, 칭화대학, 푸단대학, 베이징사범대학 등도 농촌학생들을 위한 특별 전형을 실시한다고 한다.

❻ 외국 소외계층 영재교육 정책이 주는 시사점

나라마다 문화와 상황, 여건에 따라 소외계층을 정의하고 이들이 갖는 교육적 불평등을 해소하기 위해 다양한 정책들을 실시하고 있다. 다민족사회인 미국에서는 인종, 문화, 언어 등으로 인해 발생하는 소외계층들의 교육적 성취를 위해 노력하고 있고, 독일은 우수한 성취를 보이는 소외계층의 지원을 위해 나라와 재단이 함께 연계하고 있다. 영국의 경우 명문대와 연계하여 소외계층 학생들이 명문대를 졸업하고 보다 나은 기회를 획득할 수 있도록 도와주고 있고, 프랑스는 장기적이고 지속적인 교육 지원으로 학생들이 경제적인 상황으로 인해 불이익을 받지 않도록 지원하고 있다. 중국의 경우에도 명문대학과 연계하여 학생들이 사회의 상류층으로 진입할 수 있는 방안들을 제시하고 있다. 이처럼 나라마다 조금씩 다른 목표와 방안들을 제시하고 있지만 궁극적으로 얻고자 하는 것은 소외된 환경에 있는 학생들이 불평등한 구조 때문에 자신들의 능력을 발휘하지 못하는 경우가 없도록 하자는 것이다.

⚙ 4차 산업혁명시대에 잠재력을 발휘할 소외계층 영재 육성 혁신전략

'소외계층'이라는 용어는 교육적 특성을 나타내는 용어가 아니라 사회적 특성을 나타내는 용어이다. 따라서 소외계층의 영재에게 적합한 교육적 처치를 위해서는 먼저 학생에 대한 정확한 교육적 진단이 선행되어야 한다. 즉, 학생의 학업능력이 영재교육에 참여할 정도로 준비가 되어 있는지, 학생 스스로 영재교육에 참여할 동기가 있는지, 가정환경은 영재교육에 참여하는 것을 지원할 수 있는지 등이 면밀히 검토되어야 한다. 현재와 같이 일반 영재교육 프로그램에 일정 비율을 정해서 소외계층 학생들을 참여시키는 것은 겉보기에는 사회적으로 약자를 배려하는 것처럼 보일지 몰라도 진정으로 학생에게 도움을 주는 정책이 아니다. 매년 영재교육 프로그램에 참여를 희망하는 학생을 찾는 것이 어려워지는 것은 현재의 소외계층 영재교육 프로그램이 학생들에게 큰 도움이 되지 않고 있다는 것을 반증한다고 할 수 있다.

Briggs, Reis, and Sullivan(2008)은 소외계층 학생들을 위한 영재 프로그램이 성공적으로 운영되기 위한 5가지 전략을 제시하였다.

1. 판별 절차의 수정: 형식적인 판별 과정을 수정하거나 없애고,
2. 추가 프로그램 지원 시스템 제공: 잠재력 높은 학생의 판별을 위해 형식적 판별에 앞서 질적으로 우수한 내용들을 미리 제공하고,
3. 교육과정과 학습 설계를 선택할 때 학생들이 잘 할 수 있는 내용으로 구성하고,
4. 학생 가정과 학부모들과 관계를 형성하고,
5. 평가에 문화적인 요소를 고려한 내용을 담고, 소외계층과 관련된 내용을 교사연수에 실시하면 영재교육에 보다 많은 소외계층 학생들의 참여를 유도할 수 있을 것이라 보았다.

현재 진행되고 있는 소외계층을 위한 영재교육정책은 전면적인 혁신이 필요하며, 보다 체계적이고, 적극적이며 폭넓은 제도와 문화가 뒷받침되어야 하는데 이를 구체적으로 제시하면 다음과 같다.

첫째, 먼저 영재교육 프로그램에 참여하는 것이 도움이 되는 소외계층 학생의 기준을 마련할 필요가 있다. 모든 학생이 영재교육에 참여할 필요가 없는 것처럼 모든 소외계층 학생이 영재교육에 참여하는 것은 적합하지 않을 수 있기 때문이다. 진정으로 영재교육이 도움이 되는 학생의 특성을 정할 필요가 있다. 예를 들면, '소외계층 학생 중 일정 수준 이상의 IQ나 학업성취'를 최소기준으로 제시할 수 있을 것이다.

둘째, 소외계층 영재들이 적절한 학업능력을 갖출 수 있도록 준비할 프로그램이 제공되어야 한다. 일부 학생의 경우 바로 영재교육 프로그램에 참여할 수 있지만 대부분의 학생은 수준이 맞지 않아 일반 영재 프로그램에서 소외될 확률이 높다. 즉, 다양한 브릿지 프로그램(bridge program)을 두어 학생들이 준비할 수 있도록 하는 인큐베이팅(incubating) 과정이 필요하다.

셋째, 브릿지 프로그램은 학업에 관한 직접적인 도움 및 지원뿐만 아니라, 이들에게 동기를 부여하고, 자아존중감을 높일 수 있는 여러 지원들이 균형있게 이루어지도록 해야 한다. 환경적으로 불리한 조건에 있는 소외계층 학생들은 성취동기나 자아존중감이 결여되어 있는 경우가 많다. 자아존중감이나 태도에 따라 학생들이 지닌 잠재력과 능력의 발휘 여부가 영향을 받을 수 있기 때문에 이와 같은 정의적 특성에 대한 적절한 교육적인 중재가 반드시 필요하다(Olszewski-Kubilius & Thomson, 2010).

넷째, 인큐베이팅 과정이 끝난 후 일반 프로그램에 참여하더라도 지속적으로 지원할 수 있는 체계가 마련되어야 한다. 일부 학생들의 경우 인큐베이팅 과정을 통해 준비도가 높아졌다고는 하나 새로운 프로그램에 적응하는 데 어려움을 겪을 수 있을 것이다. 영재교육 프로그램에서 소외계층 학생들을 위한 특별 프로그램을 운영하는 것도 하나의 방법이 될 수 있을 것이다.

마지막으로 학생 개인에 대한 지원 외에도, 학생을 둘러싸고 있는 환경에 대한 지원이 이루어져야 하며, 특히 학생에게 중요한 영향을 주고 있는 성인인 학부모, 보호자, 교사들에 대한 교육이나 상담이 함께 진행된다면 보다 효과적이다. 기존 연구에 의하면, 소외계층 영재학생들의 부모들은 자녀의 잠재력과 영재성에 대해 다소 무관심할 수 있고, 기대수준이 낮을 수 있다고 한다. 따라서 이들 부모들에게 교육이나 워크숍 등을 통해, 자녀들의 잠재력과 가능성, 자녀들에게 필요한 정서적 지원과 관심 등에 대한 지식을 제공하여, 학생들이 보다 긍정적인 환경에서 자랄 수 있도록 도와주는 것이 필요하다. 또한 소외계층 영재교육을 담당할 교사들을 양성할 필요가 있는데, 일반 영재교육의 특성과 함께 다양한 계층에 소속된 학생의 특성을 반영하여 교육할 수 있는 다수의 전문적 역량을 지닌 교사들을 양성해야 한다. 이를 위해 영재교사들을 위한 연수나 예비교사 교육시에 소외계층 학생들의 특성에 대한 이해와 전문성을 함양할 수 있는 기회가 제공되어야 할 것이다.

02
고도영재 발굴육성 혁신전략

우리나라 영재교육은 그동안 양적으로 확대되어 왔지만 진정한 영재들은 영재교육에서 소외되고 있다고 많은 사람들이 비판하고 있다. 아예 극단적으로 '우리나라 영재교육에는 영재가 없다'라고 주장하는 의견도 있다. 대부분의 프로그램이 집단교육 형태로 운영되는 현재의 영재교육 구조상, 매우 독특한 특성을 보이는 고도영재들의 교육적 요구를 영재교육 프로그램에서는 충족시키기 어렵고, 또 대부분이 미취학 아동이거나 아주 어린 학생들인 고도영재들은 주기적으로 이루어지는 교육에 참여하기 쉽지 않기 때문이다.

고도영재는 우리 주변에서 쉽게 발견되지 않을 정도로 극소수의 아동을 말한다. 그러나 그들이 갖고 있는 탁월한 학습능력, 호기심, 창의성 등은 향후 뛰어난 업적을 남길 인재로 성장할 가능성이 매우 높은 사람들이라고 짐작하게 한다. 그러나 그 동안의 연구 결과를 살펴보면 이들의 잠재가능성이 무척 높음에도 불구하고, 적절한 교육적 중재가 없다면 뛰어난 업적은 고사하고 평범하거나 사회에 부적응할 가능성이 매우 높다는 우려를 하게 된다.

고도영재는 크게 고지능 영재(예: Hollingworth (1942)의 연구 대상자였던 IQ 지수 180인 아동)와 10세 이전에 훈련받은 성인 수준의 수행능력을 보이는 신동(예: 4세에 작곡하고 피아노 연주를 한 모차르트)으로 구분한다(Morelock & Feldman, 2003). 고지능 영재들은 일반 잠재력이 뛰어난 아동들로서 다시 일반지능 지수가 145이상 160 정도인 뛰어난 영재(exceptionally gifted)와 극심한 영재(profoundly gifted)로 구분된다. 이들은 학습능력이 뛰어나기 때문에 자기 나이 또래에 비해 보통 3년 이상 앞서 있다. 고지능 영재들은 일반적인 학교 상황에서 여러 가지 문제를 보인다(Gross, 2004). 첫째, 이들은 다른 학생들과 학습수준이 맞지 않아 바람직한 학습습관을 배우지 못하고 백일몽을 꾸고 게으름을 피우는 습관을 가지게 된다. 둘째, 이들은 자신들과 여러 면에서 유사한 친구들을 찾지 못해 사회적으로 고립되는 문제를 겪는다. 이들은 또래 친구들에게서 따돌림을 받지 않으려고, 일반 아동들과 학교에서는 자신의 능력을 감추려고 노력하기도 한다. 셋째, 이들은 정서적으로 상처입기 쉽다. 이들은 정서적으로 성숙하기 전에 다른 친구와 다름에 대해 고민하는 과정에서 폐쇄적이고 부정적인 자아를 형성하기 쉽다.

신동 역시 탁월한 재능 수준에 적합한 교육을 받을 수 있는 기회가 제공되지 않으면 어려움을 겪게 된다. 일부 신동들은 부모와 가정에서 풍요로운 지적 자극 및 훈련을 받고 대단히 뛰어난 성취를 나타내기도 하지만 많은 신동들이 적절한 교육을 받지 못해 재능을 계발하지 못하고 사장되는 경우가 있다. 이들 역시 여전히 자기 나이 또래 친구를 찾고 친구 만들기가 어려운 점은 마찬가지다.

4차 산업혁명시대에는 과학기술의 발달로 학생 개개인의 능력에 대한 맞춤식 교육을 통해 고도영재들의 탁월한 재능을 제대로 계발할 수 있는 환경 마련이 가능해졌다. 고도영재들의 잠재적 능력을 최대한 계발할 수 있는 교육을 제공하는 것은 영재교육에서 제공해야 할 필수적 요소라고 할 수 있는데, 고도영재를 발굴·육성하기 위한 혁신전략을 제시해 보고자 한다.

⚙ 국내의 고도영재의 판별과 교육 현황

우리나라에서 최초로 고도영재라고 생각한 사람은 김웅용이다. 3세에 스스로 글과 사칙연산을 깨치고 5세에 미적분을 푸는 등 일반인이 상상하기 어려운 뛰어난 재능을 나타냈다. 그는 7세에 대학수업을 청강하고 12세에 미국 항공우주국(NASA)의 연구원으로 참여했다가 18세에 돌연 귀국하여 국내 대학에 진학하였고, 현재는 모대학의 교수로 재직하고 있다. 그가 매우 뛰어난 재능을 보였던 1970년대 당시 국내에서는 '영재'에 대한 개념이나 '신동'을 어떻게 교육시켜야 할지에 대한 확신이 없는 상태였다. 그의 능력에 맞는 제대로 된 교육을 제공할 수 없어서 그는 미국으로 갈 수밖에 없었다.

　1985년도에는 3~5세 유아 고지능 영재 발굴 프로젝트가 한국교육개발원 주최로 진행되었다. 여러 단계에 걸친 지적 능력, 읽기, 쓰기, 셈 기능 등을 평가하여 전국에서 144명의 고지능 영재가 발굴하였다. 그러나 발굴된 이들에게 제공된 것은 부모교육과 부모교육용 자료가 전부였다. 그 후 18년이 지나, 이들이 21~23세가 되었을 때, 이들을 다시 수색한 결과, 어릴 때 보였던 뛰어난 잠재력을 학업적 성취로 제대로 계발했다고 볼 수 있는 학생은 전체의 10%에 불과한 15명 정도였다(조석희 외, 2003; Cho, Han, Ahn, & Park, 2008).

　고도영재들의 교육을 위해, 2005년「영재교육 진흥법」제16조, 17조, 18조와 그 시행령 제37조에는 특례자 인정을 위한 표준화된 지능검사, 사고력검사, 창의적 문제해결력검사, 그 밖의 소정의 검사·면접 또는 관찰의 방법을 사용하도록 했고, 그 결과 특정교과 또는 특정분야에서 최상위 수준의 재능 또는 잠재력이 있다고 인정되는 자를 특례자로 인정할 수 있게 하였다. 해당 학생의 재능과 잠재력이 충분히 발휘될 수 있도록「초·중등교육법」에도 예외적인 조치로 이들의 판별이나 전학, 배치에 관한 규정을 포함시켰다. 이러한 법률적인 규정이 만들어지게 된 것은 6세에 초등학교에 입학하면서 곧 초등학교 졸업장을 신청한 송유근 학생이 계기가 되었다(한겨레, 2005년 4월 20일자). 이에 따라 송유근은 만 7세에 인하대학교에 입학, 11세에 과학기술 연합대학원 대학교 석사과정과, 12세에 석박사 통합과정에 입학했다(이지수, 권효숙, 2016).

　이후 특례자로 인정을 신청한 사람은 별로 보도되고 있지 않으며, 이에 대한 연구도 거의 이루어지지 않고 있다. 신동을 발굴하려는 프로젝트가 과학기술처의 후원으로 수행되었으나, 초등학교 3학년 아동들 중에서 대학 수준의 성취를 보이는 수학, 과학 분야의 신동은 발굴되지 않았다. 간혹 국내의 TV 방송 프로그램이나 매체를 통해서 고지능 영재나 신동들이 발굴, 소개되기는 하지만, 아직까지도 그들의 잠재력을 최대한 계발하는 것을 목적으로 이들에게 영재교육을 제공하는 노력은 잘 알려져 있지 않다. 우리나라에는 2003년부터 과학영재학교가 설립되어 현재 전국에 8개의 영재학교가 있지만, 이 학교들에서 매우 어린 학생의 고도영재성이 판별되어 그에 적절한 교육을 제공한다는 극적인 스토리는 아직 없는 것 같다. 이처럼 아직까지 우리나라의 영재교육에는 고도영재에 대한 교육프로그램이 거의 없다고 해도 과언이 아니다.

외국의 고도영재 교육현황

고도영재를 별도로 판별하고 교육하는 제도의 시작은 1950년대 동유럽의 공산주의 국가와 중국, 러시아에서 찾아볼 수 있다. 공산주의가 해체된 후에도 여전히 일부 학교는 과거의 제도를 운영하고는 있지만, 이전처럼 재정지원이 충분히 이루어지고 있지는 않는다고 보여진다. 현재는 미국에서 고도영재를 발굴하고 교육하는 시스템이 있는데, 몇 가지 사례를 살펴보기로 하자.

❶ 초 · 중등학교 고도영재 프로그램의 사례

미국 St. Louis 시의 Pattonville School District에 소재한 PEGS

(Program for Exceptionally Gifted Students)는 고도영재를 위한 전일제 공립학교로, 두 개의 캠퍼스(남쪽에는 Lindberg 교육청과 북쪽 Pattonville 교육청)가 별도의 재정과 행정시스템하에 운영되고 있다. 1992년에 한 학교에서 시작한 이 프로그램은 고도영재 한 명을 대상으로 시범적으로 시작하고자 했던 교장선생님의 의지에 의해, 지역 교육청과 주교육청의 승인을 받아 시작하였다(Sullivan & Rebhorn, 2002). 이 프로그램에서는 1학년에서 12학년 수준의 속진과 심화 프로그램을 제공하고 있으며, 한 학교에서 25년간 실시되고 있다.

이 학교의 학생선발은 부모와 교사 등의 추천으로 이루어진다. 지원자는 웩슬러 지능검사(Wechsler Intelligence Scale)에서 총 지능 140 이상이거나, 하위 지능에서 18 또는 19 이상을 받아야 한다. 이런 학생은 입학지원서, 아동 발달에 관한 부모의 에세이, 아동을 가르친 교사에 의한 아동의 영재성 관련 추천서, 성적표, 출결상황, 건강 상황, 상장 등의 다양한 정보를 바탕으로 선발 절차가 시작된다. 이 정보들을 바탕으로 PEGS에서 공부할 필요가 있다고 생각되는 학생에게 Stanford-Binet Form L-M을 실시하게 되며, 또래에 비해 매우 높은 최고 성적을 받아야 선발이 가능하다.

이 프로그램에서는 전일제 영재교육 프로그램으로 급진적인 속진과 집중적인 심화를 제공한다. Sullivan과 Rebhorn(2002)에 따르면 4명의 교사가 4개의 교실에서 총 22명의 학생을 지도한다고 한다. 언어, 수학, 과학, 사회 중 한 과목을 학생의 수준에 맞춰 교육하며, 미술과 체육은 일반과정을 학습한다. 교사들은 부모들과 상의하여 각 학생별로 개별화된 교육 계획을 수립하게 되는데, 대부분의 학생들이 초등학교 프로그램을 적어도 2년 이상 앞서 배우기 때문에 초등학교에 입학하여 3년쯤 되면 중·고등학교 프로그램을 배우게 된다. 중학교 교육과정을 마치는 데는 1년이 소요되며, 곧 바로 고등학교 프로그램으로 옮겨가는 경향을 보인다. 고교과정은 International Baccalaureate 프로그램, AP 코스, Honor classes 등을 나이 많은 학생들과 함께 수강한다. 때로는 주립 대학의 교수와 공부하기도 하고, 스탠포드 대학에서 제공하는 온라인 프로그램을 수강하기도 한다. 이들에게는 시간 관리, 사회성 기술, 매니지먼트 기술 등을 지도하며, PEGS 교사가 이들의 학습을 도와주기 위해 많은 시간을 보내고 있다. 교사들은 특히 학생들의 프로젝트 수행은 물론이고, 학업적·사회적·심리적으로 도움을 주면서, 코칭을 해주고 있다.

초등학생 수업을 듣는 학생들은 고도영재들끼리 상호작용을 하는 기회가 많지만, 고등학교 프로그램을 수강하는 학생들은 자신보다 나이가 많은 일반 고등학생들과 수업을 받으므로 고도영재들끼리 상호작용할 기회가 많지 않다. 이 문제를 해결하기 위해서 PEGS Learning LAB을 만들어, 고등 프로그램을 수강하는 고도영재학생들은 PEGS 교사로부터 학업이나, 사회 심리적 측면에서 도움을 받거나, 대학 진학 준비에 대해 도움을 받기도 하며, 비학업적인 프로젝트를 같이 하면서 서로 어울릴 기회를 많이 가지고 있다.

일부 학생들은 PEGS에 입학했다가 여러 가지 이유로 자기가 살던 동네 학교로 다시 돌아가기도 하는데, 이는 PEGS까지 왕복 2시간 이상의 장거리 통학으로 인해 부모님들이 다른 형제자녀를 돌보기가 어렵거나, 학교 근처에서 일자리를 찾기가 어려운 경우, 혹은 PEGS 학생이 입학 전부터 보이던 문제행동이 개선되지 않을 때 등이다. 몇몇 지역교육청은 학생들을 PEGS로 보내지 않기도 한다. 왜냐하면 그 지역교육청에서는 충분히 고도영재들의 교육적 필요를 충족시켜 줄 수 있다고 믿기 때문이다.

❷ 고등학교 고도영재 프로그램의 사례

고등학교 수준의 고도영재들을 위한 Davidson Academy의 설립 이념은 고도영재들의 능력, 강점, 흥미에 적절한 도전적인 교육기회를 8학년 과정부터 제공하는 데 있다. 이 학교에서 고도영재란 지능검사와 성취도 검사에서 99.9%(상위 0.1%)에 해당하는 학생을 말한다. 이 학교는 Nevada 주가 법률을 개정하여 개교한 공립학교로, 고도영재를 위한 교육프로그램은 두 가지로 이루어진다. 하나는 미국 전역의 고도영재들을 위한 온라인 고등학교이고, 다른 하나는 네바다 대학교 리노 캠퍼스(University of Nevada, Reno campus) 주변에 거주하는 고도영재를 위한 고등학교이다. 두 학교 모두 고도영재들이 자신과 비슷한 동료들과 함께 잘 성장하는 데 필요한 매우 수준 높은 학문적인 환경을 제공하는 데 목적을 두고 있다.

Davidson Academy 온라인 고등학교에 등록하고자 하는 학생은 지원시에 Davidson Academy에서 정한 지능검사 및 재능발굴 · 대학배치용 검사 점수를 제출하여야 한다. 4살 이후에 받은 것이어야 하며, 커트라인보다 성적이 높아야 한다. 제출된 성적을 바탕으로 학교가 실시하는 시험을 치를 학생을 결정하는 데 구체적인 조건은 다음과 같다.

- 입학 시 나이는 12~16세
- 지능검사, ACT or SAT 점수가 상위 0.1%
- 고도의 지적 발달과 학업적인 성취를 나타내는 학생
- 동기가 높고, 사회적 정서적으로 성숙하고, 수준 높은 과목을 배울 수 있는 독해 능력을 갖춘 학생
- 온라인과 라이브 세션에 모두 참여해서 학습할 의지가 있는 학생

이 학교의 교육과정은 속진과 심화를 모두 적용하되, 학생 개인마다 개별화 교육계획(personalized learning plan)을 수립하여 맞춤식 교육을 제공한다. 학생들은 학부모, 학교 상담교사, 교육과정 팀과 함께 개별화된 교육계획을 작성하게 되는데, 이 계획의 목적은 모든 온라인고등학교 학생들에게 깊고 강한 교육적 경험을 갖게 하기 위함이다. Davidson Academy의 철학은 모든 학생을 자신의 학습에 투자하는 개인으로 본다. 개별화 교육계획은 핵심교육과정을 반드시 이수하고, 선택과목을 결정하는 데 도움을 주기 위해 작성하고 있다. 학생들은 어른들의 지도를 받으면서 자신들 흥미와 능력에 기반한 의견을 제시하면서 개별적인 과정에 대해 다양한 선택을 하게 된다. 학생들은 자신의 능력과 흥미에 맞는 속도와 깊이를 경험할 수 있는 개별화 수업을 하게 되는데, 이 개별화 계획은 학생과 학부모도 함께 참여하여 일년에 한 번씩 검토를 거쳐 수정된다.

속진의 경우, 단순히 속도보다는 학습의 깊이, 질, 철저함에 초점을 두고, 적절히 도전적인 교육을 제공한다는 Davidson Academy

의 사명에 바탕을 두고 이루어진다. 고도영재들은 동질적인 집단에서, 교사와 학생들과의 토론을 통하여 매우 앞선 수준의 내용을 이해하고 사고하게 된다. 온라인 고등학교 과목들은 이미 2~3년 정도 속진되어 있는데, 이 학교에서는 학생들을 조기졸업시키는 것보다 학교의 경험을 풍부히 하는 데 목적을 두고 수업을 진행하고 있다. Davidson Academy는 학급당 학생 수가 적고, 나이에 맞는 내용을 제공한다. 대부분의 학생들은 대학과목을 수강하기 전에 고등학교에서 배울 수 있는 것을 최대한 배우려고 한다. 또한 다양한 학습지원을 해주고, 교사가 풍부한 피드백을 제공하고, 학습 내용들이 고도영재들의 교육적 필요에 맞게 디자인되어 있으며, 대학 교양과목보다 훨씬 더 도전적인 내용을 가지고 있다.

⚙ 4차 산업혁명시대에 능력을 발휘할 고도영재교육 혁신전략

4차 산업혁명시대에 고도영재들을 위한 교육은 어떤 모습이어야 할까? 미래의 교육은 아동이 가지고 있는 잠재력이 최대한 발휘되어 다양한 분야에서 혁신을 이끌 인재로 성장할 수 있도록 하여야 하며, 이런 점에서 고도영재들은 그들의 특성에 맞는 적절한 교육을 받아야 한다. 고도영재들이 가지고 있는 능력과 품성을 억제하지 않는 학습 환경, 이들의 능력과 품성을 최대한 발휘할 수 있는 학습 환경을 마련해주면 고도영재들은 건강하고 행복하면서도 사회 발전을 위해 많은 기여를 할 수 있는 인재로 자라날 수 있을 것이다.

고도영재들은 학습속도가 빠르고, 복잡한 것을 좋아하고, 끊임

없는 호기심을 나타내는 상위 0.1%에 해당하는 소수집단이다. 이들은 그 수가 아주 적기 때문에, 이들의 학습 요구에 맞는 교육을 제공하려면 막대한 예산이 든다. 뿐만 아니라 우리나라 부모들의 높은 교육열을 감안하면 자칫 의도와 다르게 타고난 재능을 계발하는 것이 아니라 너무 어린 나이부터 치열한 경쟁에 내몰리는 사회적 부작용도 우려된다. 따라서 외국과 환경이 다른 점을 감안했을 때 외국의 사례를 그대로 적용하기보다 우리의 환경에 적합한 전략을 수립해야 할 것이다.

고도영재를 교육하는 방법은 크게 전일제 교육(학교)과 비정규 프로그램 형태의 두 가지로 나눌 수 있다. 전일제 교육은 고도영재의 특성을 입체적으로 고려한 교육이란 점에서 교육의 효과는 높일 수 있으나 교육기관의 수가 제한적일 경우 학생의 접근이 어려울 수 있다. 기숙 형태의 교육은 매우 어린 학생의 경우 부모와 떨어져 지내는 것이 정서발달에 많은 문제를 일으킬 수 있다는 점을 고려해 볼 때, 현재의 영재학교에서는 중학교 이상 나이의 고도영재들을 수용하는 방안을 모색해 볼 수 있을 것이다. 현재 운영되고 있는 영재학교들에서 독특한 교육적 요구가 있는 학생들에 대한 개방적인 접근과 맞춤식 교육을 제공한다면 고도영재교육의 많은 부분이 해소될 수 있을 것이다.

미취학 아동이나 초등학교 저학년인 어린 고도영재의 교육은 비정규 프로그램의 형태로 지원해야 하는데 앞에서 제시한 영재교육 혁신을 통한 대상자 선발, 개별화 맞춤식 교육, 교육연계 등이 이루어진다면 현재의 영재교육 체제에서도 고도영재를 위한 교육이 가능할 것이다. 다만 몇 가지 생각해야 할 고려사항이 있다면 다음과 같다. 첫째, 고도영재들은 4~10세의 어린 나이에 재능이 나타나는데, 때로는 자신들의 지나치게 뛰어난 능력을 감추려고 하는 성향을 보이므로, 이런 성향을 나타내기 전에 가능한 일찍 고도영재를 발굴할 필요가 있다(Gross, 2004). 현재 초등학교 4학년부터 이루어지는 공립학교의 영재교육은 너무 늦은 감이 있으므로, 고도영재를 발굴하기 위해서는 보다 어린 나이의 학생들을 영재로 판별하고 적절한 교육을 제공할 필요가 있다. 고도영재는 매우 소수임을 감안하면 오프라인 교육의 확산보다는 온라인 교육에서 수용할 수 있는 방안을 강구하는 것이 현실적일 것이다. 둘째, 고도영재들은 지적인 자극도 필요하지만 정서적 부분에서 안정이 매우 필요한 학생들이다. 주기적인 상담이 필요하고 비슷한 고민을 하는 학생들과의 만남을 통해 정서적으로 안정을 찾는 프로그램이 강화되어야 한다. 셋째, 멘토 풀을 만들 필요가 있다. 재능분야의 전문성뿐만 아니라 상처받기 쉬운 고도영재를 이해하고 이끌어주는 것은 아무나 할 수 있는 것이 아니다.

고도영재들이 어려서 보이는 매우 뛰어난 능력은 어릴 때 잠시 반짝 나타났다가 나이가 들면서 서서히 사라지는 경향이 있다는 속설(Early ripe, early rotten)이 있다. 그러나 이는 과학적으로 확인된 사실이 아니다. 오히려 Gross의 연구 대상자였던 고도영재들의 능력은 지속적인 발달을 보인 바 있다(Gross, 2004). Jackson(1992)의 연구에 의하면, 고도영재는 초등학교 입학 후 일반 아동에 초점을 맞춘 학교교육에 흥미를 잃고, 더 높은 수준의 도전을 하지 않게 된다고 주장한다. 즉, 영재성이 사라진 것은 아니지만, 그 영재성이 재능으로 변환되지는 못한다는 것이다(Gagne, 2017). 고도영재들이 자신의 영재성을 드러내고, 재능으로 계발(변환)될 수 있는 환경을 마련해 주는 것은 국가의 의무이기도 하다(Gross, 2004). 더 이상 교육적 체제나 구조적 지원이 이루어지지 않아 고도영재의 영재성이 계발되지 못하는 일이 생기지 않도록, 앞으로 보다 많은 관심과 연구가 이루어져야 할 것이다.

Chapter 1_

강정수(2015). 인공지능과 공유경제로 보는 노동의 미래, ICT인문사회융합
    동향 2015년 3호. 미래창조과학부/KISDI.

김영식(2018). 4차 산업혁명시대 교육의 미래. 서울: 학지사.

유영민(2017.10.19.). 한국사회의 변곡점 4차 산업혁명. 매일경제.

최연구a(2017). 4차 산업혁명시대 문화경제의 힘−인공지능(AI)시대, 문화경제
    가 답이다. 중앙경제평론사.

최연구b(2017). 과학기술혁신도, 4차 산업혁명도 사람이 먼저다, KISTEP
    Inl 제21호.

Klaus Schwab(2016). 클라우스 슈밥의 제4차 산업혁명. 송경진 옮김. 서울:
    새로운 현재.

Tyler Cowen(2017). 4차 산업혁명, 강력한 인간의 시대−누가 기계와의 경쟁에

서 살아남을 것인가? 신승미 옮김. 서울: 마일스톤.

디지털 타임즈, 2016.8.16.

연합뉴스, 2017.12.4.

한국고용정보원 보도자료, 2016. AI-로봇-사람, 협업의 시대가 왔다.

4차 산업혁명위원회 보도자료, 2017.11.30.

Chapter 2_

강성주, 김은혜, 윤지현(2012). 과학 영재의 역량 탐색 및 역량 사전의 개
　　　발. 영재교육연구, 22(2), 353-370.

강영문(2017). 제4차 산업혁명과 물류교육에 관한 연구. 한국물류학회지,
　　　27(2), 1-8.

김병조, 전용주, 김지현, 김태영(2016). 초등정보융합영재의 창의성 향상
　　　을 위한 Computational Thinking 기반 실생활 문제해결 수업콘텐츠
　　　개발 및 적용. Korean Journal of Teacher Education, 32(1), 159-186.

김현정(2017). 4차 산업혁명 시대의 인문교양교육의 역할과 방향. 교양학
　　　연구, 5, 95-122.

미래창조과학부, KISTEP, KAIST (2017). 미래전략보고서: 10년 후 대한민
　　　국 미래 일자리의 길을 찾다.

박재진, 윤지현, 강성주(2014). 역량 중심의 과학 영재 교육을 위한 과학자

의 핵심 역량 모델 개발 및 타당화. 영재교육연구, 24(4), 509-541.

박종원(2004). 과학적 창의성 모델의 제안-인지적 측면을 중심으로. 한국 과학교육학회지, 24(2), 375-386.

박종원(2009). 과학영재를 위한 사사교육 준비와 유형에 대한 논의. 과학영 재교육, 1(3), 1-19.

박종원, 지경준(2010). 과학 영재아의 창의적 과제 수행과정에서의 특성 분석. 한국과학교육학회지, 30(6), 770-784.

박현주, 김영민, 노석구, 정진수, 이은아, 유은정, 이동욱, 박종원, 백윤수 (2012). 과학교육 내용표준 개발. 한국과학교육학회지, 32(4), 729-750.

송진웅, 나지연(2015). 2015 과학과 교육과정 개정의 주요 방향 및 쟁점 그 리고 과학교실문화. 현장과학교육, 9(2), 72-84.

신현석, 정용주(2017). 제4차 산업혁명과 교육행정의 미래. 교육문제연구, 30(2), 103-147.

신희선, 윤희정(2017). 제4차 산업혁명시대 공학계열 학습자 맞춤형 의사 소통교육의 필요성과 방향에 관한 연구. 공학교육연구, 20(3), 3-12.

염승준, 김영전(2017). 제4차 산업혁명과 원불교 종교교육. 종교교육학연 구, 54, 81-96.

윤초희, 유영희(2015). 창의적 인지, 성격과 창의적 행동의 관계에서 창의 적 정체감의 매개역할. 영재와 영재교육, 14, 41-70.

이경민(2017). 새로운 시대 인재상의 유아교육적 함의: 4차 산업혁명시 대와 행복교육에서 추구하는 역량의 담론을 중심으로. 유아교육연구, 37(3), 137-156.

이경민, 윤혜경(2017). 4차 산업혁명 시대 교육혁명 담론의 비판적 분석을 통한 유아교육적 함의. 유아교육연구, 37(4), 137-155.

이경숙(2009). 인문적 창의성에 대한 고찰. 순천향 인문과학논총, 24, 5-30.

이선영(2017). 제4차 산업혁명 시대의 교육심리학. 한국교육학연구, 23(1), 231-260.

정주원(2017). 제4차 산업혁명 시대의 소비생활 변화와 소비자교육. 한국가정과교육학회지, 29(3), 89-104.

조상식(2016). '제4차 산업혁명'과 미래 교육의 과제. 미디어와 교육, 6(2), 152-185.

최무영(2016). 인공지능과 창의성: 과학과 교육. 2016 서울미래교육포럼 토론 자료집, 17-29.

최선영, 강호감(2006). 초등학교 과학영재학습 학생선발을 위한 과학 창의적 문제해결력 검사도구 개발. 초등과학연구, 25(1), 27-38.

한경근(2017). 인공지능 테크놀로지 시대의 중도・중복장애학생 교육을 위한 제언. 지체중복건강장애연구, 60(3), 47-65.

한국교육개발원(2015). 국가 영재교육 프로그램 기준: 초・중학교 과학.

한국정보화진흥원(2017). 4차 산업혁명과 지능정보사외의 정책과제 100선.

한기순, 유경훈(2013). '피로사회' 속 창의성과 행복에 관한 담론. 창의력교육연구, 3(1), 55-68.

한동숭(2016). 4차 산업혁명 시대, 대학 교육과 콘텐츠. 인문콘텐츠, 42, 9-24.

황영미, 이재현(2017). 제4차 산업혁명 시대의 스마트 환경을 활용한 의사소통교육 모델 연구. 공학교육연구. 20(3), 32-41.

KBS 명견만리 제작팀(2016). 명견만리. 서울: 인플루엔셜.

Akkermans, J., Brenninkmeijer, V., Huibers, M., & Blonk, R. W. (2013). Competencies for the contemporary career: Development and preliminary validation of the Career Competencies Questionnaire. *Journal of Career Development, 40*(3), 245-267.

Albrecht, K. (2006). *Social intelligence: The new science of success.* John Wiley & Sons.

Canton, J. (2015). *Future smart.* NY: Da Capo Press.

Chalmers, A. F. (2013). What is this thing called science? Hackett Publishing.

Charles, D. (2014). 두 도시 이야기. 성은배 역. 경기: 창작과 비평.

Clark, L. (2000). A review of the research on personality characteristics of academically talented college students. *Teaching and Learning in Honors, 9,* 7-20.

Colangelo, N., & Davis, G. A. (2002). *Handbook of gifted education.* Boston, MA: Allyn & Bacon.

Deresiewicz, W. (2014). *Excellent sheep.* NY: Free Press.

Dunlop, T. (2016). *Why the future is workless.* Sydney: NewSouth Publishing.

Eggen, P. D., & Kauchak, D. P. (2007). *Educational psychology:*

Windows on classrooms. Prentice Hall.

Festinger, L. (1954). A theory of social comparison processes. *Human Relations, 7*(2), 117-140.

Freudenthal, H. (2006). *Revisiting mathematics education: China lectures* (Vol. 9). Springer Science & Business Media.

Frey, C. B., & Osborne, M. A. (2017). The future of employment: how susceptible are jobs to computerisation?. *Technological Forecasting and Social Change, 114*, 254-280.

Goleman, D. (2006). *Emotional intelligence*. Bantam.

Hall, D. T. (2004). The protean career: A quarter-century journey. *Journal of Vocational Behavior, 65*(1), 1-13.

Hanson, N. R. (1965). Patterns of discovery: An inquiry into the conceptual foundations of science. Cambridge University Press.

Holland, J. L. (1961). Creative and academic performance among talented adolescents. *Journal of Educational Psychology, 52*(3), 136.

Holland, J. L., & Richards Jr, J. M. (1965). Academic and nonacademic accomplishment: Correlated or uncorrelated? *Journal of Educational Psychology, 56*(4), 165.

Hughes, D. J., Furnham, A., & Batey, M. (2013). The structure and personality predictors of self-rated creativity. *Thinking Skills and Creativity, 9*, 76-84.

Kaufman, J. C., & Baer, J. (Eds.) (2005). *Creativity across domains: Faces of the muse*. Psychology Press.

Kaufman, S. B., Quilty, L. C., Grazioplene, R. G., Hirsh, J. B., Gray, J. R., Peterson, J. B., & DeYoung, C. G. (2016). Openness to experience and intellect differentially predict creative achievement in the arts and sciences. *Journal of Personality, 84*(2), 248-258.

Milgram, R. M. (Ed.) (1989). *Teaching gifted and talented learners in regular classrooms*. Charles C Thomas Pub Limited.

Mills, C. J. (1993). Personality, learning styles and cognitive style profiles of mathematically talented students. *European Journal for High Ability, 4*(1), 70-85.

Park, J., Kim, I., Kim, M., Lee, M. (2001). Analysis of students' processes of confirmation and falsification of their prior ideas about electrostatics. *International Journal of Science Education, 23*(12), 1219-1236.

Renzulli, J. S. (2005). Applying gifted education pedagogy to total talent development for all students. *Theory into Practice, 44*(2), 80-89.

Sak, U. (2004). A synthesis of research on psychological types of gifted adolescents. *Journal of Secondary Gifted Education, 15*(2), 70-79.

Simonton, D. K. (2009). Varieties of (scientific) creativity: A hierarchical model of domain-specific disposition, development, and achievement. *Perspectives on Psychological Science, 4*(5), 441-452.

Sriraman, B. (2005). Are giftedness and creativity synonyms in mathematics? *Journal of Secondary Gifted Education, 17*(1), 20-36.

Sternberg, R. J. (2000). *Practical intelligence in everyday life.* Cambridge University Press.

Sternberg, R. J., Grigorenko, E. L., & Singer, J. L. (2004). *Creativity: From potential to realization.* American Psychological Association.

Susskind R., & Susskind, D. (2015). *The future of the professions: How technology will transform the work of human experts.* Oxford: Oxford University Press.

Zenasni, F., Mourgues, C., Nelson, J., Muter, C., & Myszkowski, N. (2016). How does creative giftedness differ from academic giftedness? A multidimensional conception. *Learning and Individual Differences, 52*, 216-223.

전자신문 홈페이지. http://www.etnews.com/20171026000282 (인출일: 2017. 11. 21.)

Chapter 3_

김성연, 한기순(2013). 관찰·추천제에 의한 수학영재 선발 시 사용되는 교사추천서와 자기소개서 평가에 대한 다변량 일반화가능도 이론의 활용. 영재교육연구, 23(5), 671-695.

김종준, 류성림(2013). 국내 분과 발표 : 초등수학영재 선발전형에 활용되는 교사 관찰 추천서의 분석 및 평가에 관한 연구. 초등수학교육, 16(2), 167-171.

유미현, 강윤희, 예홍진(2011). 과학영재교육원 관찰·추천 방식의 영재선발 분석. 과학영재교육, 3(2), 27-38.

윤초희(2014). 과학영재 선발을 위한 교사 추천의 타당성 분석. 영재교육연구, 24(4), 679-701.

전우천(2014). 정보영재아동의 관찰추천제 입학성적과 수행평가 성적의 상관관계 분석 연구. 한국정보통신학회논문지, 18(10), 2544-2550.

전우천(2016). 소프트웨어 중심사회를 선도할 정보영재아동의 관찰추천 입학제도 타당성 분석연구. 한국인터넷정보학회논문지, 17(3), 87-93.

정정인, 박종욱(2011). 관찰추천에 의한 초등과학영재교육 대상자 선발에서 나타난 문제점: 교사 추천서 분석을 중심으로. 교사교육연구, 50(3), 1-12.

채유정, 이성혜(2017). 사이버 교육을 활용한 영재 선발 방법에 관한 연구. 영재교육연구, 27(4), 631-649.

최은주, 유미현(2013). 교사추천서와 자기소개서 분석을 통한 관찰·추천제의 영재 판별 효과성 탐색. 과학영재교육, 5(1), 22-32.

한기순, 양태연, 박인호(2014). 관찰-추천제는 어떤 특성의 영재를 선발하는가?: 선발시험 vs. 교사관찰추천으로 본 영재들의 지능, 진로유형, 자기조절 학습능력. 영재교육연구, 24(3), 445-462.

KAIST 과학영재교육연구원(2016). 과학영재 발굴을 위한 사이버교육 후 추천체계 구축 시범운영. 연구보고서 BD1704007-5, 한국과학창의 재단.

Birch, J. W. (1984). Is any identification procedure necessary? *Gifted Child Quarterly, 28*(4), 157-161.

Feldhusen, J. F., Asher, J. W., & Hoover, S. M. (1984). Problems in identification of giftedness, talent, or ability. *Gifted Child Quarterly, 28*(4), 149-151.

Gardner, H. (1983). *Frames of mind: The theory of multiple intelligence.* NY: Basics.

GED(2017). 영재교육종합데이터베이스 https://ged.kedi.re.kr/

Marland, S. P. Jr. (1972). Education of the gifted and talented (Vol. 1). [Report to U.S. Congress by the U.S. Commissioner of Education.] Office of Education (DHEW). Washington, DC: (ERIC Document Reproduction Service No. ED 056 243)

Renzulli, J. S. (1978). What makes giftedness? Reexamining a definition. *Phi Delta Kappan, 60*(3), 180-184, 261.

Renzulli, J. S. (2016). The three-ring conception of giftedness. In S. M. Reis (Ed.). *Reflection On Gifted Education* (pp. 55-86). Waco, TX: Prufrock Press.

Renzulli, J. S., & Owen, S. V. (1983). The revolving door identification model: If it ain't busted don't fix it if you don't understand don't nix it. *Roeper Review, 6*(1), 39-41.

Renzulli, J. S., & Reis, S. M. (2003). The schoolwide enrichment model: Developing creative and productive giftedness. *Handbook of gifted education, 3*, 184-203.

Renzulli, J. S., Reis, S. M., & Smith, L. H. (1981). *Revolving door identification model guidebook*. Mansfield Center, CT: Creative Learning Press.

Chapter 4_

강경균, 이윤주, 노성호, 김주영, 한춘교(2016). 청소년 기업가정신 함양 및 창업 활성화 방안 연구 Ⅲ. 세종: 한국청소년정책연구원.

김연정(2017). PBL 교수법에 기반 한 대학 창업교육 학습 사례 연구. 한국 창업학회지, 12(3), 285-309.

박재진, 윤지현, 강성주(2014). 역량 중심의 과학영재 교육을 위한 과학자의 핵심 역량 모델 개발 및 타당화. 영재교육연구, 24(4), 509-541.

반성식, 서상구, 송경모, 조동환, 박종해, 차민석, 박종복(2012). 글로벌기업가정신연구(GEM): 2011 연구 보고서. 경남과학기술대학교, 중소기업청.

백민정, 강경균, 이범진(2017). 초 · 중등 기업가정신 교육 현황과 교육

요구도 분석: 초·중등 교사를 대상으로. 한국산학기술학회논문지, 18(12), 564-574.

성은현, 송인섭, 문은식, 하주현, 한수연(2010). 융합형 영재교육프로그램 개발·보급, 교육−과학과 인문학의 만남 중등편 사용안내. 한국과학 창의재단 2010-02.

양희선, 강성주(2017). 융합형 영재교육을 위한 핵심 역량 모델의 타당화. 영재와 영재교육, 16(2), 107-134.

오원근(2006). 과학자의 생애 분석을 통한 과학영재 판별 준거 개발. 새물리, 53(5), 361-369.

오해섭, 맹영임(2014). 청소년 기업가정신 함양 및 창업 활성화 방안 연구 (연구보고 14-R1). 세종: 한국청소년정책연구원.

오헌석, 최지영, 최윤미, 권귀헌(2007). 과학인재의 성장 및 전문성 발달과 정에서의 영향 요인에 관한 연구. 한국과학교육학회지, 27(9), 907-918.

정현철, 류춘렬, 박경진, 김희목, 최진수, 유홍열, 오경원(2017b). 과학기술 분야 주제중심 교육프로그램 개발. KAIST과학영재교육연구원 연구 보고.

정현철, 류춘렬, 박경진, 최진수, 김희목, 이규성, 홍성호(2017a). 과학영 재교육기관 운영현황 및 실태분석. KAIST과학영재교육연구원 연구 보고.

정현철, 조선희, 신윤주(2013). 과학영재교육원 운영 개선방안 연구: 교육 과정을 중심으로. KAIST과학영재교육연구원 연구보고.

한국과학창의재단(2017). 미래 사회 변화 대응 과학기술인재 육성 방안 연구. 미래창조과학부. 정책연구—12168209300.

한국발명진흥회(2016). 차세대영재기업인 교육사업 발전방안연구.

한정화, 박상일(2012). 기업가정신 교육활성화 심포지엄. 서울: 아산정책연구원.

홍성민(2013). 미래 과학기술인재의 경력단계별 핵심 역량. 과학기술정책, 23(4), 132-138.

KCERN(2014). 기업가정신교육혁신.

KCERN(2017). 협력하는 괴짜와 평생교육.

Barrows, H. S. (1985). *How to deign a problem based curriculum for th preclinical years*. New York: Springer.

Morita, N. (2000). Discourse socialization through oral classroom activities in a TESL graduate program. *TESOL Quarterly, 34*(2), 279-310.

World Economic Forum (2015). New vision for education: Unlocking the potential of technology. Colony/Geneva: World Economic Forum.

http://www.botsiq.org

http://www.edsimchallenge.com

http://www.robocup.org/

http://www.thenrc.org/about.html

KAIST IP영재기업인교육원 홈페이지, http://ipceo.kaist.ac.kr/ipceo.do

Chapter 5_

국제미래학회, 한국교육학술정보원(2017). 제4차 산업혁명시대 대한민국미
래교육 보고서. 경기: 광문각.

김창만, 차정호, 김인환 외(2011). 체험중심 과학 캠프 프로그램의 개발 및
적용. 과학교육연구지, 35(1), 102-118.

김현정, 유준희(2006). 과학 영재 학생들의 진로 선택 과정에 영향을 주는
과학 영재 캠프의 요인 분석. 한국교육학회지, 26(2), 268-278.

이경숙(2011). 학생 주도적 영재 캠프 프로그램 개발. 영재교육연구, 21(4),
907-925.

이근호, 김기철, 김사훈, 김현미, 이명진, 이상하, 이인제 (2013). 미래 핵심
역량 계발을 위한 교과 교육과정 탐색:교육과정, 교수·학습 및 교육
평가 연계를 중심으로(연구보고 RRC 2013-2). 서울: 한국교육과정평
가원.

한국 U러닝 연합회(2014). 플립러닝 성공전략. 서울: 콘텐츠미디어.

홍정민(2017). 4차 산업혁명 시대의 미래 교육, 에듀테크. 서울: 책밥.

KCERN(2017). 협력하는 괴짜와 평생교육.

Christensen, C., Johnson, C. W., & Horn, M. B. (2008). *Disrupting Class:
How Disruptive Innovation Will Change the Way the World Learns
1st Edition*. McGraw-Hill Education.

Clark, B. (2008). *Growing up gifted: Developing the potential of children at school and at home.* Boston: Pearson.

Karantzas, G. C., Avery, M. R., Macfarlane, S., Mussap, A., Tooley, G., Hazelwood, Z., & Fitness, J. (2013). Enhancing critical analysis and problem-solving skills in undergraduate psychology: An evaluation of collaborative learning and problem–based learning approach. *Australian Journal of Psychology, 65*(1), 38-45.

Maker, C. J., & Nielson, A. B. (1996). *Curriculum development and teaching strategies for gifted learners.* Austin, Texas: Proed.

Michael Fullan, Maria Langworthy (2014). *A Rich Seam: How New Pedagogies Find Deep Learning.* Pearson.

Rinn, A. N.(2006). Effects of a summer program on the social-concepts of gifted Adolescents. *The Journal of Secondary Gifted Education, 17(2),* 65-75.

교육위키(2018). 미네르바 스쿨.

한국경제(2015). 교육에 게임 접목한 G-러닝 인재육성에 최적.

business insider(2016). The 14 most innovative schools in the world(https://www.businessinsider.com/most-innovative-schools-in-the-world-2-2016-10/)

http://www.g21.org

http://www.ko.education.wikia.com

http://www.minerva.kgi.edu

Chapter 6_

구자억, 김홍원, 박성익, 안미숙, 이순주, 조석희(2002). 동서양 주요국가들
의 영재교육. 서울: 문음사.

서혜애, 정현철, 손정우, 곽영순, 김주후, 구외철(2006). 과학고등학교 발
전방안 연구. CR 2006-17, 한국교육개발원.

우새미(2015). 과학영재교육정책의 진화, 1968-2012: 과학기술인력정책
과 영재교육정책의 상호작용. 영재교육연구, 25(2), 279-298.

정현철(2017). 제4차 영재교육진흥종합계획에 대비한 영재교육기관, 지원
체계 및 성과관리. 영재교육 연합학술대회 자료집. 83-93.

조석희, 김홍원, 서혜애, 정현철(2002). 과학영재의 지속적 발굴·육성·
관리를 위한 국가 영재교육체계 정립에 관한 연구. CR2002-30, 한국
교육개발원.

Olszewski-Kubilius, P. & Thomson, D. (2015). Talent Development as a
Framework for Gifted Education. *Gifted Child Today*, *38*(1), 49-59.

Renzulli, J. S., Reis, S. M., & Smith, L. H. (1981). *The revolving door
identification model*. Mansfield Center, CT: Creative Learning Press.

Chapter 7_

교육부(2013). 제3차 영재교육진흥종합계획. 교육부 창의인재정책관.

김수용, 박은영, 박기용(2009). 소외된 과학영재를 위한 사이버교육 운영 방안 연구. 연구보고 2009-53, 한국과학창의재단.

이지수, 권효숙(2016). 과학고도영재 학부모의 양육경험에 관한 질적사례 연구: 단일사례를 중심으로. 학부모연구, 3(2), 51-72.

조석희, 안도희, 한석실(2003). 영재성의 발굴 및 계발에 영향을 미치는 요인 분석 연구. 수탁연구 CR2003-28, 한국교육개발원.

한국교육개발원(2012). 교육정책네트워크 정보센터. 영국: 명문대학들, 저소득계층 학생을 더욱 받아들여야.

한국교육개발원(2013). 2013년 해외교육동향. 교육정책네트워크 연구자료 CRM2013-168-9.

Adams, C., & Chandler, K. L. (Eds.) (2014). *Effective program models for gifted students from underserved populations*. Waco, TX: Prufrock Press.

Briggs, C. J., Reis, S. M., & Sullivan, E. E. (2008). A national view of promising programs and practices for culturally, linguistically, and ethnically diverse gifted and talented students. *Gifted Child Quarterly, 52,* 131-145.

Brulles, D., Castellano, J., & Laing, P. (2010). Identifying and enfranchising gifted English language learners. In J. Castellano (Ed.), *Understanding our most able students from diverse backgrounds* (pp. 305–316). Waco, TX: Prufrock Press.

Brüning, G, & Kuwan, H. (2002). *Benachteiligte und Bildungsferne-Empfehlungen für die Weiterbildung.* Bielefeld.

Cho, S., Ahn, D., Han, S. & Park, H. (2008). Academic developmental patterns of the Korean gifted during the 18 years after identification. *Personality and Individual Differences, 45,* 784–789.

Cho, S., Yang, J., & Mandracchia, M. (2015). Effects of M3 Curriculum on Mathematics and English Proficiency Achievement of Mathematically Promising English Language Learners, *Journal of Advanced Academics, 25*(2), 112–242.

Daugherty, M., & White, C. (2008). Relationships among private speech and creativity in Head Start and low-socioeconomic status preschool children. *Gifted Child Quarterly, 52,* 30–39.

Davidson Academy. Retrieved from http://www.davidsonacademy.unr.edu

Deutsches Jugendinstitut e. V. (2010). *Die soziale Seite der Bildung Wie benachteiligte Kinder und Jugendliche in Deutschland gefördert werden-und welche Konzepte zukunftsfähig sind.* Eine Analyse anlässlich der Prognosen im Nationalen Bildungsbericht 2010.

München.

Ford, D. Y., Grantham, T. K., & Whiting, G. W. (2008). Culturally and linguistically diverse students in gifted education: Recruitment and retention issues. *Exceptional Children, 74,* 289-306.

Frasier, M. (1997). Gifted minority students: Reframing approaches to their identification and education. In N. Colangelo & G. Davis (Eds.), *Handbook of gifted education* (2nd ed., pp. 498-515). Boston, MA: Allyn & Bacon.

Gagné, F. (2017). Debating giftedness: pronat vs. antinat. In L. Shavinina (Ed.), International handbook on giftedness (pp. 155-204). Gatineau, Quebec, Canada: Springer Nature.

Gross, M. U. M. (2004). *Exceptionally gifted children.* New York: RoutledgeFalmer.

Hollingworth, L.S. (1942). *Children above IQ 180.* New York, NY: World Books.

Jackson, N. E. (1992). Precocious reading of English: Origins, structure, and predictive significance. In P. S. Klein & A. J. Tannenbaum (Eds.), To be young and gifted (pp. 171-203). Westport, CT, US: Ablex Publishing.

Leu, H. R & Prein, G. (2010). Arm, ausgegrenzt, abgehängt. In. Deutsches Jugendinstitut e. V., *Die soziale Seite der Bildung Wie benachteiligte Kinder und Jugendliche in Deutschland gefördert* werden-und welche Konzepte zukunftsfähig sind. Eine Analyse anlässlich der Prognosen im Nationalen Bildungsbericht 2010. München.

Lohman, D. F. (2005). The role of nonverbal ability tests in identifying academically gifted students: An aptitude perspective. *Gifted Child Quarterly, 49*, 111-138.

Merlock, M. J., & Feldman, D. H. (2000). *Hanbook of gifted education.*

Morelock, M. J. & Feldman, D. H. (2003). Extreme precocity: Prodigies, Savants, and children of extraordinarily high IQ (pp. 455-469). In N. Colangelo & G. Davis (Eds.), Handbook of Gifted Education. Boston: Allyn and Bacon.

Naglieri, J. A. (2008). Traditional IQ: 100 years of misconception and its relationship to minority representation in gifted programs. In J. VanTassel-Baska (Ed.). *Alternative assessments with gifted and talented students* (pp. 67-88). Waco, TX: Prufrock Press.

Naglieri, J. A., & Ford, D. Y. (2003). Addressing underrepresentation of gifted minority children using the Naglieri Nonverbal Ability Test (NNAT). *Gifted Child Quarterly, 47*, 155-160.

Olszewski-Kubilius, P. & Thomson, D. L. (2010). Gifted programming for poor or minority urban students: Issues and lessons learned. Gifted Child Today, 33(4), 58-64.

Olszewski-Kubilius, P., & Clarenbach, J. (2012). *Unlocking emergent* talent: *Supporting high achievement of low-income, high-ability students.* Washington, DC: National Association for Gifted Children.

Peters, S. J., & Gentry, M. (2012). Additional validity evidence and across-group equivalency of the HOPE teacher rating scale. *Gifted Child Quarterly, 57,* 85-100.

Reed, C. F. (2007). We can identify and serve ESOL GATE students: A case study. *Gifted Child Today, 30*(2), 16-22.

Sullivan. S., & Rebhorn, L. (2002). PEGS: Appropriate educational for exceptionally gifted students. *Roeper Review, 24*(4), 221-225.

Swanson, J. D. (2006). Breaking through assumptions about low-income, minority gifted students. *Gifted Child Quarterly, 50,* 11-25.

Tonemah, S. (1987). Assessing American Indian gifted and talented students' abilities. *Journal for the Education of the Gifted, 10,* 181-194.

Tout, K., Halle, T., Daily, S., Albertson-Junkans, L., & Moodie, S. (2013). *The research base for a birth through age eight state policy framework* (Publication No. 2013-42). Washington, DC: Child Trends. Retrieved from http://www.childtrends.org/wp-content / uploads/2013/10/2013-42AllianceBirthto81.pdf

저자 소개

정현철(Jung Hyunchul)
서울대학교 천체물리학 박사
현 KAIST 과학영재교육연구원 영재교육센터장
　한국영재학회 부회장

최연구(Choi Yeongu)
프랑스 Marne-la-Vallée 대학교 대학원 국제관계학 박사
현 한국과학창의재단 과학문화협력단장
　한국대학신문 논설위원

김상균(Kim Sanggyoon)
부산대학교 대학원 박사과정(서양철학 전공) 수료
현 KAIST 부설 한국과학영재학교 교감
　한국작가회의 회원, 부산시인협회 회원

한기순(Han Kisoon)
미국 University of Nebraska at Lincoln 박사(영재교육 전공)
현 인천대학교 창의인재개발학과 교수
　한국창의력교육학회 부회장
　한국영재학회 편집위원장

안동근(An Donggun)
미국 University of Georgia 박사(교육심리 전공)
현 인천대학교 유아교육과 조교수
　한국창의력교육학회 부편집위원장

채유정(Chae Yoojung)
미국 Purdue University 박사(영재교육 전공)
현 KAIST 과학영재교육연구원 연구교수

곽영순(Kwak Youngsun)
미국 The Ohio State University 박사(과학교육 전공)
현 한국교원대학교 사범대학 지구과학교육과 교수

류춘렬(Ryu Chunyol)
충북대학교 박사(과학교육 전공)
현 KAIST 과학영재교육연구원 선임연구원

백민정(Baek Minjung)
단국대학교 경영학 박사
현 KAIST 과학영재교육연구원 연구교수

이성혜(Lee Sunghye)
미국 Syracuse University 교육공학 박사
현 KAIST 과학영재교육연구원 연구교수

이영주(Lee Youngjoo)
미국 University of Tennessee 박사(학교심리 전공)
현 KAIST 과학영재교육연구원 전문선임연구원
　　한국영재학회 이사

류지영(Ryu Jiyoung)

미국 Columbia University 박사(영재교육 전공)

현 KAIST 과학영재교육연구원 부원장

　한국영재학회 이사

조석희(Cho Seokhee)

캐나다 University of Alberta 박사(영재교육 전공)

현 미국 ST, John's University 교수

4차 산업혁명시대,
과학영재 어떻게 육성할 것인가

Innovation of the Science Gifted Education
System for the 4th Industrial Revolution Era

2018년 10월 25일 1판 1쇄 인쇄
2018년 10월 30일 1판 1쇄 발행

지은이 • 정현철 · 최연구 · 김상균 · 한기순 · 안동근 · 채유정 · 곽영순
　　　　류춘렬 · 백민정 · 이성혜 · 이영주 · 류지영 · 조석희

펴낸이 • 김진환

펴낸곳 • ㈜ 학지사

　　　　04031 서울특별시 마포구 양화로 15길 20 마인드월드빌딩

대표전화 • 02-330-5114　　팩스 • 02-324-2345

등록번호 • 제313-2006-000265호

홈페이지 • http://www.hakjisa.co.kr

페이스북 • https://www.facebook.com/hakjisa

ISBN 978-89-997-1672-0　03370

정가 14,000원

저자와의 협약으로 인지는 생략합니다.
파본은 구입처에서 교환해 드립니다.

이 책을 무단으로 전재하거나 복제할 경우 저작권법에 따라 처벌을 받게 됩니다.

이 도서의 국립중앙도서관 출판시도서목록(CIP)은 서지정보유통지
원시스템 홈페이지(http://seoji.nl.go.kr)와 국가자료공동목록시스템
(http://www.nl.go.kr/kolisnet)에서 이용하실 수 있습니다.
(CIP 제어번호: CIP2018031960)

교육문화출판미디어그룹 학지사

심리검사연구소 인싸이트 www.inpsyt.co.kr
원격교육연수원 카운피아 www.counpia.com
학술논문서비스 뉴논문 www.newnonmun.com
간호보건의학출판 학지사메디컬 www.hakjisamd.co.kr